プリント形式のリアル過去問で本番の臨場感！

鹿児島県

樟南高等学校

2025年春受験用

解答集

本書は，実物をなるべくそのままに，プリント形式で年度ごとに収録しています。
問題用紙を教科別に分けて使うことができるので，本番さながらの演習ができます。

■ 収録内容

・解答集（この冊子です）

書籍ＩＤ番号，この問題集の使い方，最新年度実物データ，リアル過去問の活用，
解答例と解説，ご使用にあたってのお願い・ご注意，お問い合わせ

・2024（令和６）年度 ～ 2022（令和４）年度　学力検査問題

JN132580

〇は収録あり　年度	'24	'23	'22			
■ 問題収録	〇	〇	〇			
■ 解答用紙	〇	〇	〇			
■ 配点						

解答はありますが
解説はありません

注）問題文等非掲載：2024年度国語の二，2023年度国語の二と社会の5

問題文などの非掲載につきまして

著作権上の都合により，本書に収録している過去入試問題の本文や図表の一部を掲載しておりません。ご不便をおかけし，誠に申し訳ございません。

本文の一部を掲載できなかったことによる国語の演習不足を補うため，論説文および小説文の演習問題のダウンロード付録があります。弊社ウェブサイトから書籍ＩＤ番号を入力してご利用ください。

なお，問題の量，形式，難易度などの傾向が，実際の入試問題と一致しない場合があります。

教英出版

■　書籍ＩＤ番号

入試に役立つダウンロード付録や学校情報などを随時更新して掲載しています。
教英出版ウェブサイトの「ご購入者様のページ」画面で，書籍ＩＤ番号を入力してご利用ください。

書籍ＩＤ番号　103546

（有効期限：2025年9月30日まで）

【入試に役立つダウンロード付録】
「ラストチェックテスト（標準／ハイレベル）」
「高校合格への道」

■　この問題集の使い方

年度ごとにプリント形式で収録しています。針を外して教科ごとに分けて使用します。①片側，②中央のどちらかでとじてありますので，下図を参考に，問題用紙と解答用紙に分けて準備をしましょう（解答用紙がない場合もあります）。

針を外すときは，けがをしないように十分注意してください。また，針を外すと紛失しやすくなりますので気をつけましょう。

① 片側でとじてあるもの

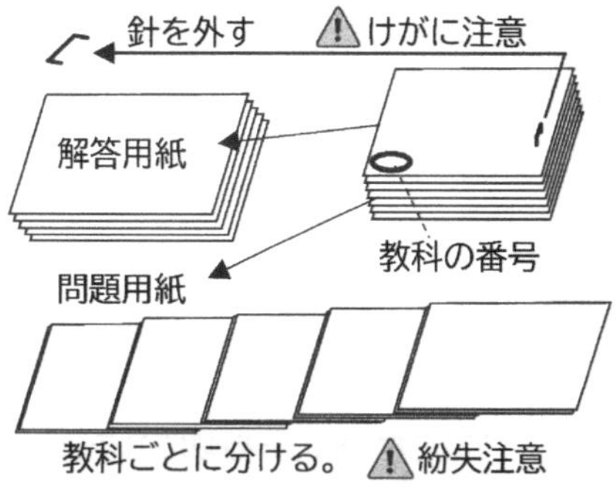

② 中央でとじてあるもの

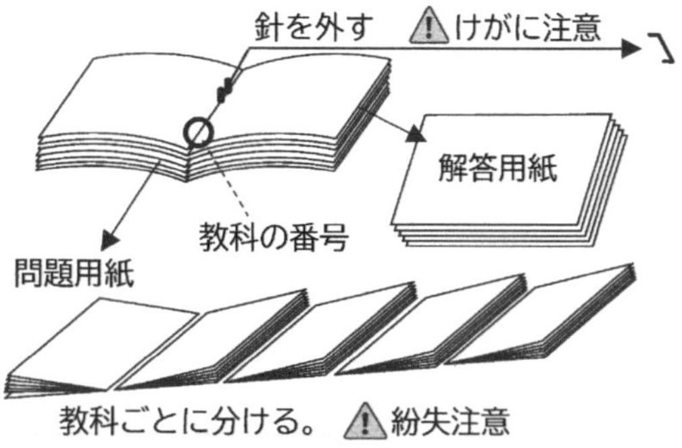

※教科数が上図と異なる場合があります。
　解答用紙がない場合や，問題と一体になっている場合があります。
　教科の番号は，教科ごとに分けるときの参考にしてください。

■　最新年度　実物データ

実物をなるべくそのままに編集していますが，収録の都合上，実際の試験問題とは異なる場合があります。実物のサイズ，様式は右表で確認してください。

問題用紙	Ａ４冊子（二つ折り）
解答用紙	Ｂ４片面プリント

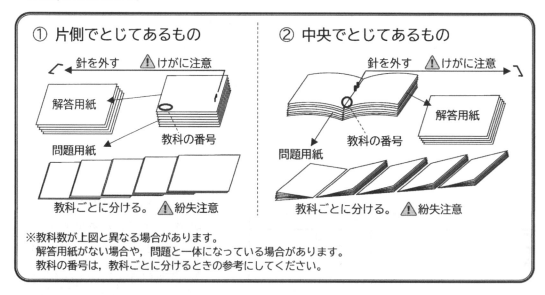

リアル過去問の活用

～リアル過去問なら入試本番で力を発揮することができる～

本番を体験しよう！

問題用紙の形式（縦向き / 横向き），問題の配置や余白など，実物に近い紙面構成なので本番の臨場感が味わえます。まずはパラパラとめくって眺めてみてください。「これが志望校の入試問題なんだ！」と思えば入試に向けて気持ちが高まることでしょう。

入試を知ろう！

同じ教科の過去数年分の問題紙面を並べて，見比べてみましょう。

① 問題の量

毎年同じ大問数か，年によって違うのか，また全体の問題量はどのくらいか知っておきましょう。どのくらいのスピードで解けば時間内に終わるのか，大問ひとつにかけられる時間を計算してみましょう。

② 出題分野

よく出題されている分野とそうでない分野を見つけましょう。同じような問題が過去にも出題されていることに気がつくはずです。

③ 出題順序

得意な分野が毎年同じ大問番号で出題されていると分かれば，本番で取りこぼさないように先回りして解答することができるでしょう。

④ 解答方法

記述式か選択式か（マークシートか），見ておきましょう。記述式なら，単位まで書く必要があるかどうか，文字数はどのくらいかなど，細かいところまでチェックしておきましょう。計算過程を書く必要があるかどうかも重要です。

⑤ 問題の難易度

必ず正解したい基本問題，条件や指示の読み間違いといったケアレスミスに気をつけたい問題，後回しにしたほうがいい問題などをチェックしておきましょう。

問題を解こう！

志望校の入試傾向をつかんだら，問題を何度も解いていきましょう。ほかにも問題文の独特な言いまわしや，その学校独自の答え方を発見できることもあるでしょう。オリンピックや環境問題など，話題になった出来事を毎年出題する学校だと分かれば，日頃のニュースの見かたも変わってきます。

こうして志望校の入試傾向を知り対策を立てることこそが，過去問を解く最大の理由なのです。

実力を知ろう！

過去問を解くにあたって，得点はそれほど重要ではありません。大切なのは，志望校の過去問演習を通して，苦手な教科，苦手な分野を知ることです。苦手な教科，分野が分かったら，教科書や参考書に戻って重点的に学習する時間をつくりましょう。今の自分の実力を知れば，入試本番までの勉強の道すじが見えてきます。

試験に慣れよう！

入試では時間配分も重要です。本番で時間が足りなくなってあわてないように，リアル過去問で実戦演習をして，時間配分や出題パターンに慣れておきましょう。教科ごとに気持ちを切り替える練習もしておきましょう。

心を整えよう！

入試は誰でも緊張するものです。入試前日になったら，演習をやり尽くしたリアル過去問の表紙を眺めてみましょう。問題の内容を見る必要はもうありません。どんな形式だったかな？受験番号や氏名はどこに書くのかな？…ほんの少し見ておくだけでも，志望校の入試に向けて心の準備が整うことでしょう。

そして入試本番では，見慣れた問題紙面が緊張した心を落ち着かせてくれるはずです。

※まれに入試形式を変更する学校もありますが，条件はほかの受験生も同じです。心を整えてあせらずに問題に取りかかりましょう。

2024 解答例 令和６年度　樟南高等学校

《国　語》

一　問一．ａ．経営　ｂ．体験　ｃ．食卓　ｄ．殺生　問二．ウ　問三．オ　問四．Ⅰ．祖先細胞　Ⅱ．仲間　問五．他の生きものを食べずには生きられない　問六．エ，キ

二　問一．ａ．かんせい　ｂ．むぞうさ　ｃ．ひたい　ｄ．のうり　問二．ウ　問三．Ａ．イ　Ｂ．ア　問四．沸き上が　問五．よく覚えてる　問六．Ⅰ．いつだってヨータはキラキラしている　Ⅱ．もっと　問七．エ

三　問一．いわく　問二．イ　問三．Ⅰ．用光　Ⅱ．賊徒〔別解〕海賊　Ⅲ．殺されよう　問四．イ　問五．海賊　問六．ウ　問七．⑴Ⅰ．用光　Ⅱ．ひちりき　Ⅲ．達人　⑵一芸　問八．ア

四　問一．見る／売る／食べる　などから１つ　問二．Ａ．ア　Ｂ．ウ　問三．おおがい　問四．Ｃ．イ　Ｄ．ア　問五．ください　問六．⑴おっしゃった　⑵Ｅ

《数　学》

1　⑴17　⑵-2　⑶$\frac{1}{6}$　⑷3.6　⑸$\frac{x-13y}{10}$　⑹-3　⑺$3a$　⑻$\sqrt{3}$

2　⑴2　⑵$(x-4)(x-7)$　⑶$x=4$　$y=5$　⑷0，-7　⑸-4　⑹288　⑺$3x$　⑻58°　⑼①

3　⑴$-4 \leqq y \leqq 0$　⑵$y=\frac{5}{2}x-14$　⑶$\frac{280}{3}\pi$　⑷$(\frac{56}{5},\ 0)$

4　⑴$4\sqrt{2}$　⑵$3\sqrt{15}$　⑶(ア)$\frac{3\sqrt{2}}{2}\pi$　(イ)$(16+8\sqrt{2})\pi$

5　⑴$\frac{1}{6}$　⑵$\frac{5}{36}$　⑶$\frac{25}{216}$

《英　語》

1　１．ウ　２．エ　３．ウ　４．イ　５．ア

2　［３番目／５番目］　１．［オ／カ］　２．［ア／カ］　３．［イ／エ］　４．［ア／イ］　５．［エ／オ］

3　１．must／not　２．lot／of　３．very／well　４．teaches／us　５．as／many

4　【Ａ】問１．ウ　問２．イ　問３．イ
【Ｂ】問１．ア　問２．ア　問３．イ

5　１．キ　２．イ　３．ア　４．エ　５．ウ

6　問１．エ　問２．He was a child who tried anything　問３．To play the game hard.　問４．his／most／important／goal　問５．ウ　問６．イ　問７．オ

7　問１．エ　問２．ａ．引き取られた　ｂ．返された　問３．police　問４．didn't listen to him and acted wildly　問５．ア　問６．ラビィが救助した少年の母親は，ラビィを殺処分から救ったボランティアトレーナーのエマだったこと。　問７．イ，ウ

《理　科》

1 (1)①ア．シダ　イ．仮根　ウ．葉状体　エ．師管　オ．維管束　②D　(2)①エ　②オ　③ウ
(3)葉の表…0.2　葉の裏…0.3

2 (1)光　(2)ウ　(3)反射　(4)エ　(5)①X．0.23　Y．0.09　②イ

3 (1)ウ　(2)C　(3)ア　(4)6　(5)ア

4 (1)ア　(2)示相化石　(3)イ　(4)北　(5)ウ

5 (1)4.0　(2)$2Mg+O_2 \rightarrow 2MgO$　(3)2.3　(4)8：3　(5)$2CuO+C \rightarrow 2Cu+CO_2$　(6)6

6 (1)飽和水溶液　(2)塩化ナトリウム　(3)オ　(4)40　(5)70　(6)50

7 (1)作用点／向き／大きさ　(2)右図　(3)①物体A　②床　③ア
(4)右図　(5)イ　(6)力の名称…摩擦力　大きさ…$\frac{5\sqrt{3}}{3}$

8 (1)1360　(2)放電　(3)コ　(4)陰極線〔別解〕電子線　(5)50　(6)ア

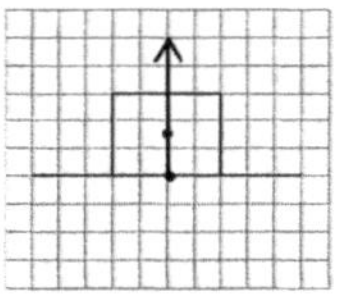
7(2)の図

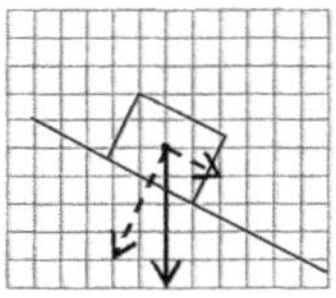
7(4)の図

《社　会》

1 問1．い　問2．う　問3．温室効果　問4．シドニー　問5．い　問6．え　問7．EU
問8．う　問9．い　問10．い　問11．う

2 問1．A．根釧台地　B．日高山脈　C．親潮〔別解〕千島海流　問2．客土　問3．え　問4．い
問5．う

3 問1．う　問2．二条河原落書　問3．足利尊氏　問4．あ　問5．勘合　問6．中継貿易
問7．コシャマイン　問8．え　問9．分国法　問10．い　問11．い

4 問1．X．フランシスコ＝ザビエル　Y．唐　Z．チンギス＝ハン　問4．あ　問5．え　問6．あ
問7．A

5 問1．公共の福祉　問2．あ　問3．い　問4．環境権　問5．う　問6．政治分野での女性の活躍の促進。

6 問1．所得〔別解〕富　問2．い　問3．う　問4．う　問5．所得税　問6．65,334　問7．い
問8．あ

2023 解答例
令和５年度

樟南高等学校

《国　語》

一　問一．a．影響　b．採用　c．拒否　d．膨大　問二．A．イ　B．エ　問三．Ⅰ．時間の余裕　Ⅱ．相手の呼吸を摑む　問四．ウ　問五．ア　問六．Ⅲ　問七．ウ

二　問一．a．ちゅうざい　b．ぶなん　c．なまり　d．こうみょう　問二．A．エ　B．ア　C．カ　D．イ　問三．(1)穴を埋めること。　(2)ウ　問四．イ　問五．エ　問六．若者　問七．自業自得

三　問一．女房　問二．②わらいて　⑥はじて　問三．エ　問四．１．下　２．上　問五．イ　問六．イ　問七．着たる

四　問一．こざとへん　問二．ウ　問三．イ　問四．エ　問五．(1)A．お迎えになった〔別解〕迎えられた　B．お尋ねしたら　(2)年齢　(3)Ⅱ．犬　Ⅲ．虎　Ⅳ．馬

《数　学》

1　(1)13　(2)-4　(3)$\frac{2}{3}$　(4)11.6　(5)$\frac{5x+y}{12}$　(6)x^2+3x+4　(7)$8ab^2$　(8)$4\sqrt{2}$

2　(1)-6　(2)$2(x-2y)^2$　(3)$x=3$　$y=-1$　(4)-2，6　(5)1300　(6)5，20　(7)$\frac{5}{3}$　(8)46°　(9)イ

3　(1)$\frac{1}{4}$　(2)$y=\frac{3}{2}x+10$　(3)$\frac{1000\pi}{3}$　(4)7 : 3

4　(1)3　(2)2　(3)5 : 1　(4)$\frac{3}{5}$

5　(1)$\frac{1}{3}$　(2)$\frac{2}{3}$　(3)$\frac{2}{9}$

《英　語》

1　１．エ　２．イ　３．ウ　４．ウ　５．ア

2　［３番目／５番目］　１．［オ／ウ］　２．［ア／カ］　３．［オ／エ］　４．［イ／オ］　５．［オ／カ］

3　１．have／to　２．so／that　３．There／are　４．when／born　５．didn't／anything

4　【A】問１．イ　問２．ア　問３．ウ　【B】問１．ア　問２．ウ　問３．イ

5　１．エ　２．イ　３．カ　４．ア　５．ウ

6　問１．ウ　問２．in　問３．ウ　問４．different　問５．B　問６．誕生日の前日に一晩中話をすること。　問７．３番目…ア　５番目…ウ　問８．best／friends

7　問１．エ　問２．お祝いでお金や贈り物をもらったら，お返しとしてお礼の贈り物をすること。　問３．３．for　５．makes　問４．Japanese／summer／*kimonos*　問５．she gives them homemade pumpkin pies　問６．イ，オ

《理　科》

1　(1)イ．A　エ．D　(2)イネ…②　スギナ…④　(3)合弁花類　(4)b，c，d　(5)b

2　(1)対立形質　(2)Aa　(3)1：2：1　(4)ウ　(5)エ

3　(1)C　(2)火山噴出物　(3)双眼実体　(4)ウ　(5)かぎ層　(6)右図

4　(1)恒星　(2)イ　(3)エ　(4)プロミネンス　(5)2.2

5　(1)エ　(2)250　(3)2.5　(4)オ　(5)25　(6)右グラフ

6　(1)Fe　(2)Cu　(3)$Zn \rightarrow Zn^{2+} + 2e^-$

(4)$Ag^+ + e^- \rightarrow Ag$　(5)$2Mg + O_2 \rightarrow 2MgO$　(6)イ

7　(1)右図　(2)虚像　(3)ア

(4)1秒間に振動する回数。　(5)①イ　②エ

8　(1)並列　(2)0.6　(3)ウ　(4)864　(5)$\frac{1}{9}$　(6)オ

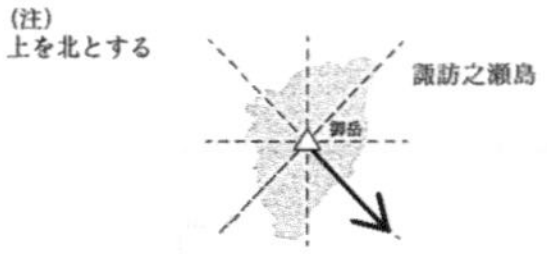

3(6)の図

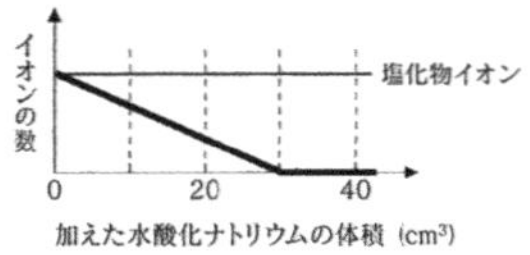

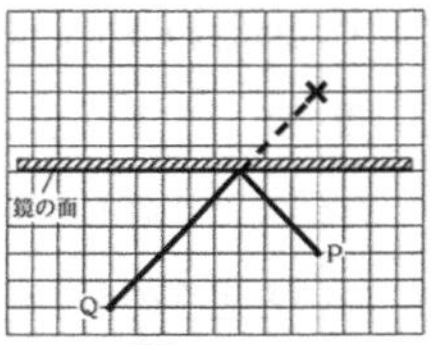

7(1)の図

《社　会》

1　問1．イギリス　問2．サヘル　問3．い　問4．北大西洋海流　問5．く　問6．(1)ICT　(2)え

問7．う　問8．世界保健機関　問9．お　問10．え　問11．か

2　問1．え　問2．やませ　問3．冷害　問4．あ　問5．え

3　問1．い　問2．外様大名　問3．征夷大将軍　問4．禁中並公家諸法度　問5．徳川家光　問6．お

問7．参勤交代で，江戸にいる期間を一年から半年に短縮すること。　問8．株仲間　問9．え　問10．a

4　問1．1犬養毅　2人権　3南北　問2．殷　問3．五・一五事件　問4．フランス革命　問5．え

5　問1．1解散　2 6　問2．お　問3．う　問4．え　問5．あ　問6．天然ガス　問7．い

6　問1．独占禁止　問2．あ　問3．い　問4．消費者契約　問5．え　問6．い　問7．う

問8．円安時に賃金を円からドルに替えると，交換後の金額が減るから。

★樟南高等学校

《国　語》

一 問一．a．典型　b．裸　c．徹底　d．覆　問二．A．ア　B．ウ　問三．ア．「考えて」植えた　イ．「勝手に」生えた　問四．オ　問五．なにしろ一　問六．生態系　問七．身体を構成する物質は絶えず入れ替わっているということ。　問八．人間が内なる自然を意識せずに、自然を管理しようとするから。

二 問一．a．ようりょう　b．たよ　c．ちかごろ　d．もうぜん　問二．エ　問三．⑴金のこと　⑵必要な物を作ったり直したりすること。　問四．A．エ　B．ア　C．オ　D．イ　問五．五郎…自分のどこがなさけないと思うのか。　純…風力発電を作ったのに喜ばない理由。　問六．純にいたわられたことがつらく、傷ついた気持ち。

三 問一．A．いうもの　B．きずをおいて　問二．①イ　⑤エ　問三．子猿　問四．大猿　問五．木のまたにするゑん　問六．イ

四 問一．①道断　②一転　③東風　問二．１．イ　２．ア　３．〇　問三．１．漢字…猫　意味…カ　２．漢字…氷山　意味…ウ　問四．ウ　問五．りっとう

《数　学》

1 ⑴10　⑵-8　⑶$\frac{1}{2}$　⑷18.9　⑸$\frac{x-y}{6}$　⑹$6a-1$　⑺$2a^2b^4$　⑻$\sqrt{3}$

2 ⑴-6　⑵$(2x+3y)(2x-3y)$　⑶$x=2$　$y=-3$　⑷$\frac{5\pm\sqrt{41}}{2}$　⑸$\frac{11}{12}$　⑹1600　⑺21　⑻66°　⑼ウ，エ

3 ⑴4　⑵$(4,\ 1)$　⑶$(-1,\ \frac{1}{2})$　⑷$\frac{5}{2}\pi$

4 ⑴$2:3$　⑵6　⑶$\sqrt{2}$

5 ⑴18　⑵8　⑶(ア)18　(イ)$\frac{56}{3}$

《英　語》

1 １．ア　２．ウ　３．エ　４．イ　５．ウ

2 ［３番目／５番目］　１．［エ／ア］　２．［ア／イ］　３．［オ／ア］　４．［ア／ウ］　５．［イ／ウ］

3 １．able／to　２．have／lived　３．careful／driver　４．for／fishing　５．is／said

4 問１．⑴catching　⑵held　問２．パーティーに 15 分遅れてくるのがあたり前だから　問３．友人の男性は数分早く到着したつもりだったが，すでに全員が待っていたから。

5 ⑴イ　⑵ウ　⑶ア　⑷オ　⑸キ

6 問１．⑴オ　⑸ウ　問２．so／that／couldn't　問３．３番目…キ　５番目…エ　問４．evil／laugh　問５．イ　問６．when Mia's father left the laboratory to eat dinner　問７．ア，ウ

7 問１．オ　問２．⑵fine　⑶question　問３．イ　問４．to disagree so strongly　問５．電話を切りたい人は，ただもうこれ以上会話をしたくないだけだということ。　問６．１．ア　２．ウ　問７．ア，エ

《理　科》

1 ⑴ア．レボルバー　イ．ステージ　⑵イ　⑶ウ
⑷①染色体　②ａ→ｂ→ｅ→ｃ　③酢酸カーミン液／酢酸オルセイン液 などから１つ　④ウ

2 ⑴ａ．イ　ｃ．ア〔別解〕ウ　⑵ハト…④〔別解〕⑤　エビ…①　⑶①　⑷は虫類　⑸胎生
⑹母親が乳を与えて育てる。

3 ⑴オ　⑵ヘクトパスカル　⑶オホーツク海気団／小笠原気団　⑷秋雨前線　⑸60

4 ⑴ア　⑵土星　⑶小惑星　⑷エ　⑸衛星　⑹3.3

5 ⑴H_2　⑵ウ　⑶エ　⑷電解質の水溶液に２種類の金属板を入れる。

6 ⑴ア　⑵イ　⑶90　⑷エ　⑸①○…H^+　■…OH^-　②Cl^-

7 ⑴①光軸　②焦点　⑵下図　⑶イ　⑷ウ　⑸ウ

8 ⑴ａ．ウ　ｃ．ア　ｅ．オ　⑵ａとｄ／ｃとｅ　⑶ａとｂ／ｃとｄ　⑷下グラフ

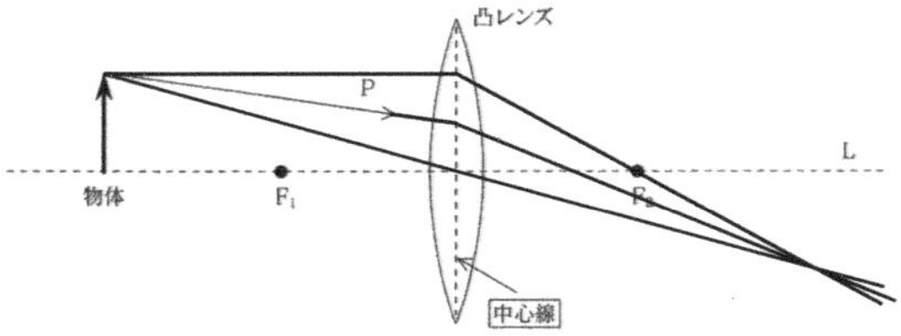

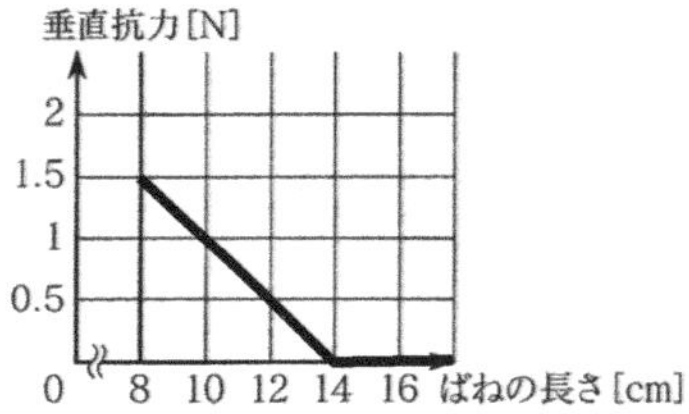

《社　会》

1 問１．⑴う　⑵あ　⑶い　⑷え　⑸か　⑹センターピボット　⑺12時間50分　問２．フェアトレード
問３．ＳＤＧｓ

2 問１．Ｂ　問２．う　問３．みかん　問４．③　問５．カルデラ　問６．⑴ハザードマップ
⑵火砕流　⑶ヒートアイランド

3 問１．い　問２．学制　問３．う　問４．Ⅱ．バルカン　位置…ｃ　問５．ベルサイユ　問６．う
問７．あ　問８．バンドン〔別解〕アジア・アフリカ／ＡＡ　問９．日韓基本

4 問１．１．ＧＨＱ〔別解〕連合国軍最高司令官総司令部　２．征夷大将軍　問２．特需景気　問３．自衛隊
問４．う　問５．え　問６．い

5 問１．１．普通　２．連立　問２．う　問３．い　問４．あ　問５．え　問６．い　問７．う

6 問１．１．労働基準　２．終身雇用　問２．い　問３．社会資本　問４．あ　問５．Ａ．消費税
Ｂ．社会保障(関係)　問６．国債は国の借金であり，増えると将来の世代の負担となるから。

■ ご使用にあたってのお願い・ご注意

（1）問題文等の非掲載

著作権上の都合により，問題文や図表などの一部を掲載できない場合があります。

誠に申し訳ございませんが，ご了承くださいますようお願いいたします。

（2）過去問における時事性

過去問題集は，学習指導要領の改訂や社会状況の変化，新たな発見などにより，現在とは異なる表記や解説になっている場合があります。過去問の特性上，出題当時のままで出版していますので，あらかじめご了承ください。

（3）配点

学校等から配点が公表されている場合は，記載しています。公表されていない場合は，記載していません。

独自の予想配点は，出題者の意図と異なる場合があり，お客様が学習するうえで誤った判断をしてしまう恐れがあるため記載していません。

（4）無断複製等の禁止

購入された個人のお客様が，ご家庭でご自身またはご家族の学習のためにコピーをすることは可能ですが，それ以外の目的でコピー，スキャン，転載（ブログ，ＳＮＳなどでの公開を含みます）などをすることは法律により禁止されています。学校や学習塾などで，児童生徒のためにコピーをして使用することも法律により禁止されています。

ご不明な点や，違法な疑いのある行為を確認された場合は，弊社までご連絡ください。

（5）けがに注意

この問題集は針を外して使用します。針を外すときは，けがをしないように注意してください。また，表紙カバーや問題用紙の端で手指を傷つけないように十分注意してください。

（6）正誤

制作には万全を期しておりますが，万が一誤りなどがございましたら，弊社までご連絡ください。

なお，誤りが判明した場合は，弊社ウェブサイトの「ご購入者様のページ」に掲載しておりますので，そちらもご確認ください。

■ お問い合わせ

解答例，解説，印刷，製本など，問題集発行におけるすべての責任は弊社にあります。

ご不明な点がございましたら，弊社ウェブサイトの「お問い合わせ」フォームよりご連絡ください。迅速に対応いたしますが，営業日の都合で回答に数日を要する場合があります。

ご入力いただいたメールアドレス宛に自動返信メールをお送りしています。自動返信メールが届かない場合は，「よくある質問」の「メールの問い合わせに対し返信がありません。」の項目をご確認ください。

また弊社営業日（平日）は，午前９時から午後５時まで，電話でのお問い合わせも受け付けています。

2025 春

株式会社教英出版

〒422-8054　静岡県静岡市駿河区南安倍３丁目 12-28

TEL　054-288-2131　　FAX　054-288-2133

URL　https://kyoei-syuppan.net/

MAIL siteform@kyoei-syuppan.net

教英出版　2025年春受験用　高校入試問題集

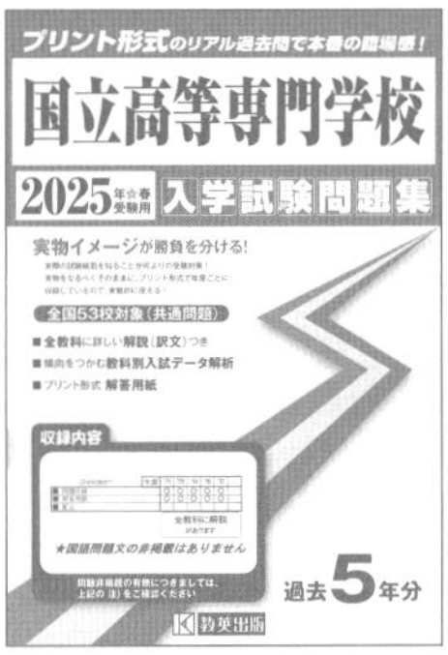

公立高等学校問題集

北海道公立高等学校
青森県公立高等学校
宮城県公立高等学校
秋田県公立高等学校
山形県公立高等学校
福島県公立高等学校
茨城県公立高等学校
埼玉県公立高等学校
千葉県公立高等学校
東京都立高等学校
神奈川県公立高等学校
新潟県公立高等学校
富山県公立高等学校
石川県公立高等学校
長野県公立高等学校
岐阜県公立高等学校
静岡県公立高等学校
愛知県公立高等学校
三重県公立高等学校(前期選抜)
三重県公立高等学校(後期選抜)
京都府公立高等学校(前期選抜)
京都府公立高等学校(中期選抜)
大阪府公立高等学校
兵庫県公立高等学校
島根県公立高等学校
岡山県公立高等学校
広島県公立高等学校
山口県公立高等学校
香川県公立高等学校
愛媛県公立高等学校
福岡県公立高等学校
佐賀県公立高等学校
長崎県公立高等学校
熊本県公立高等学校
大分県公立高等学校
宮崎県公立高等学校
鹿児島県公立高等学校
沖縄県公立高等学校

公立高 教科別8年分問題集

(2024年～2017年)

北海道(国·社·数·理·英)
宮城県(国·社·数·理·英)
山形県(国·社·数·理·英)
新潟県(国·社·数·理·英)
富山県(国·社·数·理·英)
長野県(国·社·数·理·英)
岐阜県(国·社·数·理·英)
静岡県(国·社·数·理·英)
愛知県(国·社·数·理·英)
兵庫県(国·社·数·理·英)
岡山県(国·社·数·理·英)
広島県(国·社·数·理·英)
山口県(国·社·数·理·英)
福岡県(国·社·数·理·英)

国立高等専門学校 最新5年分問題集

(2024年～2020年·全国共通)

対象の高等専門学校

釧路工業·旭川工業·
苫小牧工業·函館工業·
八戸工業·一関工業·仙台·
秋田工業·鶴岡工業·福島工業·
茨城工業·小山工業·群馬工業·
木更津工業·東京工業·
長岡工業·富山·石川工業·
福井工業·長野工業·岐阜工業·
沼津工業·豊田工業·鈴鹿工業·
鳥羽商船·舞鶴工業·
大阪府立大学工業·明石工業·
神戸市立工業·奈良工業·
和歌山工業·米子工業·
松江工業·津山工業·呉工業·
広島商船·徳山工業·宇部工業·
大島商船·阿南工業·香川·
新居浜工業·弓削商船·
高知工業·北九州工業·
久留米工業·有明工業·
佐世保工業·熊本·大分工業·
都城工業·鹿児島工業·
沖縄工業

高専 教科別10年分問題集

もっと過去問シリーズ
教科別
数学·理科·英語
(2019年～2010年)

学校別問題集

北海道

①札幌北斗高等学校
②北星学園大学附属高等学校
③東海大学付属札幌高等学校
④立命館慶祥高等学校
⑤北海高等学校
⑥北見藤高等学校
⑦札幌光星高等学校
⑧函館ラ・サール高等学校
⑨札幌大谷高等学校
⑩北海道科学大学高等学校
⑪遺愛女子高等学校
⑫札幌龍谷学園高等学校
⑬札幌日本大学高等学校
⑭札幌第一高等学校
⑮旭川実業高等学校
⑯北海学園札幌高等学校

青森県

①八戸工業大学第二高等学校

宮城県

①聖和学園高等学校(A日程)
②聖和学園高等学校(B日程)
③東北学院高等学校(A日程)
④東北学院高等学校(B日程)
⑤仙台大学附属明成高等学校
⑥仙台城南高等学校
⑦東北学院榴ケ岡高等学校
⑧古川学園高等学校
⑨仙台育英学園高等学校(A日程)
⑩仙台育英学園高等学校(B日程)
⑪聖ウルスラ学院英智高等学校
⑫宮城学院高等学校
⑬東北生活文化大学高等学校
⑭東北高等学校
⑮常盤木学園高等学校
⑯仙台白百合学園高等学校
⑰尚絅学院高等学校(A日程)
⑱尚絅学院高等学校(B日程)

山形県

①日本大学山形高等学校
②惺山高等学校
③東北文教大学山形城北高等学校
④東海大学山形高等学校
⑤山形学院高等学校

福島県

①日本大学東北高等学校

新潟県

①中越高等学校
②新潟第一高等学校
③東京学館新潟高等学校
④日本文理高等学校
⑤新潟青陵高等学校
⑥帝京長岡高等学校
⑦北越高等学校
⑧新潟明訓高等学校

富山県

①高岡第一高等学校
②富山第一高等学校

石川県

①金沢高等学校
②金沢学院大学附属高等学校
③遊学館高等学校
④星稜高等学校
⑤鵬学園高等学校

山梨県

①駿台甲府高等学校
②山梨学院高等学校(特進)
③山梨学院高等学校(進学)
④山梨英和高等学校

岐阜県

①鶯谷高等学校
②富田高等学校
③岐阜東高等学校
④岐阜聖徳学園高等学校
⑤大垣日本大学高等学校
⑥美濃加茂高等学校
⑦済美高等学校

静岡県

①御殿場西高等学校
②知徳高等学校
③日本大学三島高等学校
④沼津中央高等学校
⑤飛龍高等学校
⑥桐陽高等学校
⑦加藤学園高等学校
⑧加藤学園暁秀高等学校
⑨誠恵高等学校
⑩星陵高等学校
⑪静岡県富士見高等学校
⑫清水国際高等学校
⑬静岡サレジオ高等学校
⑭東海大学付属静岡翔洋高等学校
⑮静岡大成高等学校
⑯静岡英和女学院高等学校
⑰城南静岡高等学校
⑱静岡女子高等学校
⑲常葉大学附属常葉高等学校
　常葉大学附属橘高等学校
　常葉大学附属菊川高等学校
⑳静岡北高等学校
㉑静岡学園高等学校
㉒焼津高等学校
㉓藤枝明誠高等学校
㉔静清高等学校
㉕磐田東高等学校
㉖浜松学院高等学校
㉗浜松修学舎高等学校
㉘浜松開誠館高等学校
㉙浜松学芸高等学校
㉚浜松聖星高等学校
㉛浜松日体高等学校
㉜聖隷クリストファー高等学校
㉝浜松啓陽高等学校
㉞オイスカ浜松国際高等学校

愛知県

①[国立]愛知教育大学附属高等学校
②愛知高等学校
③名古屋経済大学市邨高等学校
④名古屋経済大学高蔵高等学校
⑤名古屋大谷高等学校
⑥享栄高等学校
⑦椙山女学園高等学校
⑧大同大学大同高等学校
⑨日本福祉大学付属高等学校
⑩中京大学附属中京高等学校
⑪至学館高等学校
⑫東海高等学校
⑬名古屋たちばな高等学校
⑭東邦高等学校
⑮名古屋高等学校
⑯名古屋工業高等学校
⑰名古屋葵大学高等学校
(名古屋女子大学高等学校)
⑱中部大学第一高等学校
⑲桜花学園高等学校
⑳愛知工業大学名電高等学校
㉑愛知みずほ大学瑞穂高等学校
㉒名城大学附属高等学校
㉓修文学院高等学校
㉔愛知啓成高等学校
㉕聖カピタニオ女子高等学校
㉖滝高等学校
㉗中部大学春日丘高等学校
㉘清林館高等学校
㉙愛知黎明高等学校
㉚岡崎城西高等学校
㉛人間環境大学附属岡崎高等学校
㉜桜丘高等学校

㉝光ヶ丘女子高等学校
㉞藤ノ花女子高等学校
㉟栄徳高等学校
㊱同朋高等学校
㊲星城高等学校
㊳安城学園高等学校
㊴愛知産業大学三河高等学校
㊵大成高等学校
㊶豊田大谷高等学校
㊷東海学園高等学校
㊸名古屋国際高等学校
㊹啓明学館高等学校
㊺聖霊高等学校
㊻誠信高等学校
㊼誉高等学校
㊽杜若高等学校
㊾菊華高等学校
㊿豊川高等学校

三重県

①暁高等学校(3年制)
②暁高等学校(6年制)
③海星高等学校
④四日市メリノール学院高等学校
⑤鈴鹿高等学校
⑥高田高等学校
⑦三重高等学校
⑧皇學館高等学校
⑨伊勢学園高等学校
⑩津田学園高等学校

滋賀県

①近江高等学校

大阪府

①上宮高等学校
②大阪高等学校
③興國高等学校
④清風高等学校
⑤早稲田大阪高等学校
(早稲田摂陵高等学校)
⑥大商学園高等学校
⑦浪速高等学校
⑧大阪夕陽丘学園高等学校
⑨大阪成蹊女子高等学校
⑩四天王寺高等学校
⑪梅花高等学校
⑫追手門学院高等学校
⑬大阪学院大学高等学校
⑭大阪学芸高等学校
⑮常翔学園高等学校
⑯大阪桐蔭高等学校
⑰関西大倉高等学校
⑱近畿大学附属高等学校
⑲金光大阪高等学校
⑳星翔高等学校
㉑阪南大学高等学校
㉒箕面自由学園高等学校
㉓桃山学院高等学校
㉔関西大学北陽高等学校

兵庫県

①雲雀丘学園高等学校
②園田学園高等学校
③関西学院高等部
④灘高等学校
⑤神戸龍谷高等学校
⑥神戸第一高等学校
⑦神港学園高等学校
⑧神戸学院大学附属高等学校
⑨神戸弘陵学園高等学校
⑩彩星工科高等学校
⑪神戸野田高等学校
⑫滝川高等学校
⑬須磨学園高等学校
⑭神戸星城高等学校
⑮啓明学院高等学校
⑯神戸国際大学附属高等学校
⑰滝川第二高等学校
⑱三田松聖高等学校
⑲姫路女学院高等学校
⑳東洋大学附属姫路高等学校
㉑日ノ本学園高等学校
㉒市川高等学校
㉓近畿大学附属豊岡高等学校
㉔夙川高等学校
㉕仁川学院高等学校
㉖育英高等学校

奈良県

①西大和学園高等学校

岡山県

①[県立]岡山朝日高等学校
②清心女子高等学校
③就実高等学校
(特別進学コース〈ハイグレード・アドバンス〉)
④就実高等学校
(特別進学チャレンジコース・総合進学コース)
⑤岡山白陵高等学校
⑥山陽学園高等学校
⑦関西高等学校
⑧おかやま山陽高等学校
⑨岡山商科大学附属高等学校
⑩倉敷高等学校
⑪岡山学芸館高等学校(1期1日目)
⑫岡山学芸館高等学校(1期2日目)
⑬倉敷翠松高等学校
⑭岡山理科大学附属高等学校
⑮創志学園高等学校
⑯明誠学院高等学校
⑰岡山龍谷高等学校

広島県

①[国立]広島大学附属高等学校
②[国立]広島大学附属福山高等学校
③修道高等学校
④崇徳高等学校
⑤広島修道大学ひろしま協創高等学校
⑥比治山女子高等学校
⑦呉港高等学校
⑧清水ヶ丘高等学校
⑨盈進高等学校
⑩尾道高等学校
⑪如水館高等学校
⑫広島新庄高等学校
⑬広島文教大学附属高等学校
⑭銀河学院高等学校
⑮安田女子高等学校
⑯山陽高等学校
⑰広島工業大学高等学校
⑱広陵高等学校
⑲近畿大学附属広島高等学校福山校
⑳武田高等学校
㉑広島県瀬戸内高等学校(特別進学)
㉒広島県瀬戸内高等学校(一般)
㉓広島国際学院高等学校
㉔近畿大学附属広島高等学校東広島校
㉕広島桜が丘高等学校

山口県

①高水高等学校
②野田学園高等学校
③宇部フロンティア大学付属香川高等学校
(普通科〈特進・進学コース〉)
④宇部フロンティア大学付属香川高等学校
(生活デザイン・食物調理・保育科)
⑤宇部鴻城高等学校

徳島県

①徳島文理高等学校

香川県

①香川誠陵高等学校
②大手前高松高等学校

愛媛県

①愛光高等学校
②済美高等学校
③FC今治高等学校
④新田高等学校
⑤聖カタリナ学園高等学校

福岡県

①福岡大学附属若葉高等学校
②精華女子高等学校(専願試験)
③精華女子高等学校(前期試験)
④西南学院高等学校
⑤筑紫女学園高等学校
⑥中村学園女子高等学校(専願入試)
⑦中村学園女子高等学校(前期入試)
⑧博多女子高等学校
⑨博多高等学校
⑩東福岡高等学校
⑪福岡大学附属大濠高等学校
⑫自由ケ丘高等学校
⑬常磐高等学校
⑭東筑紫学園高等学校
⑮敬愛高等学校
⑯久留米大学附設高等学校
⑰久留米信愛高等学校
⑱福岡海星女子学院高等学校
⑲誠修高等学校
⑳筑陽学園高等学校(専願入試)
㉑筑陽学園高等学校(前期入試)
㉒真颯館高等学校
㉓筑紫台高等学校
㉔純真高等学校
㉕福岡舞鶴高等学校
㉖折尾愛真高等学校
㉗九州国際大学付属高等学校
㉘祐誠高等学校
㉙西日本短期大学附属高等学校
㉚東海大学付属福岡高等学校
㉛慶成高等学校
㉜高稜高等学校
㉝中村学園三陽高等学校
㉞柳川高等学校
㉟沖学園高等学校
㊱福岡常葉高等学校
㊲九州産業大学付属九州高等学校
㊳近畿大学附属福岡高等学校
㊴大牟田高等学校
㊵久留米学園高等学校
㊶福岡工業大学附属城東高等学校
(専願入試)
㊷福岡工業大学附属城東高等学校
(前期入試)
㊸八女学院高等学校
㊹星琳高等学校
㊺九州産業大学付属九州産業高等学校
㊻福岡雙葉高等学校

佐賀県

①龍谷高等学校
②佐賀学園高等学校
③佐賀女子短期大学付属佐賀女子高等学校
④弘学館高等学校
⑤東明館高等学校
⑥佐賀清和高等学校
⑦早稲田佐賀高等学校

長崎県

①海星高等学校(奨学生試験)
②海星高等学校(一般入試)
③活水高等学校
④純心女子高等学校
⑤長崎·南山高等学校
⑥長崎日本大学高等学校(特別入試)
⑦長崎日本大学高等学校(一次入試)
⑧青雲高等学校
⑨向陽高等学校
⑩創成館高等学校
⑪鎮西学院高等学校

熊本県

①真和高等学校
②九州学院高等学校
(奨学生・専願生)
③九州学院高等学校
(一般生)
④ルーテル学院高等学校
(専願入試・奨学入試)
⑤ルーテル学院高等学校
(一般入試)
⑥熊本信愛女学院高等学校
⑦熊本学園大学付属高等学校
(奨学生試験・専願生試験)
⑧熊本学園大学付属高等学校
(一般生試験)
⑨熊本中央高等学校
⑩尚絅高等学校
⑪文徳高等学校
⑫熊本マリスト学園高等学校
⑬慶誠高等学校

大分県

①大分高等学校

宮崎県

①鵬翔高等学校
②宮崎日本大学高等学校
③宮崎学園高等学校
④日向学院高等学校
⑤宮崎第一高等学校
(文理科)
⑥宮崎第一高等学校
(普通科·国際マルチメディア科·電気科)

鹿児島県

①鹿児島高等学校
②鹿児島実業高等学校
③樟南高等学校
④れいめい高等学校
⑤ラ・サール高等学校

新刊
もっと過去問シリーズ

愛知県

愛知高等学校
7年分(数学・英語)
中京大学附属中京高等学校
7年分(数学・英語)
東海高等学校
7年分(数学・英語)
名古屋高等学校
7年分(数学・英語)
愛知工業大学名電高等学校
7年分(数学・英語)
名城大学附属高等学校
7年分(数学・英語)
滝高等学校
7年分(数学・英語)

※もっと過去問シリーズは入学試験の実施教科に関わらず、数学と英語のみの収録となります。

教英出版
〒422-8054
静岡県静岡市駿河区南安倍3丁目12−28
TEL 054-288-2131
FAX 054-288-2133
詳しくは教英出版で検索
教英出版 検索
URL https://kyoei-syuppan.net/

令和六年度

樟南高等学校入学者選抜学力検査問題

国語

（五〇分）

一、答えはすべて別紙解答用紙に書きなさい。

二、受検場と受検番号を、解答用紙の右下「わく」の中に書きなさい。

2024(R6) 樟南高
教英出版

一

次の文章を読んで、あとの問いに答えなさい。

これからの社会を託していくのですから、若い人たちが幸せに暮らせるような社会になるとよいですね。政治家でもなければ企業aケイエイ者でもない普通の人間としては、大きな力で社会を変えることなどできるはずもありませんけれど、だからと言って、自分のことだけ考え、①殻に閉じこもるのもつまらないでしょう。日常の中で、若い人や子どもたちに関心を持って、朝元気そうに学校へ出かけていく小学生に出会ったら、心の中で今日も楽しい一日だといいねと声をかけるだけで、開けた気持ちになります。［ A ］、声に出して応援するのはもっとよいですけれど。生き方を考える時、自分にばかり目を向けながらよく生きようとすると難しくなりますから、日常の小さなことでつながりをつくるようにしています。

こんな風に少し離れたところから子どもたちを見ている日常ですが、時々、子どもと向き合うこともあり、時にはこれは困ったと思う場面に出会うこともあります。先日、不登校の子どもたちが通うフリースクールの先生をしている友達に頼まれて、生きものについての話をしに行った時のことです。

先生から子どもたちに伝えてほしいと言われたのは②「いのちを大切に」ということです。人にはそれぞれの考えがあるのは当然で、それぞれでよいと思っていますが、そうは言っても、「いのちを大切に」という気持ちは、人間である以上誰もが持っていなければならない……というより持っているはずのものでしょう。でも「いのちを大切に」ということをきちんと考えようとすると、なかなか難しいところがあります。

そこで、生きものの研究を続けてきたbタイケンを生かして、抽象的な「いのちが大切」ではなく、身の周りにいる生きものに目を向けながら、「生きていることを大切にするってどういうことだろう」と生徒さんたちと一緒に考えてみることにしました。

実はこれは私の仕事そのものなので、基本を語ると長くなって話が途切れますので、ここもコラムにしますね。

［ B ］③ここでちょっと困ったことに出会います。私たちは、毎日食事をしなければ生きていけません。cショクタクにのるのは肉や魚など生きものばかりです。動物を殺してはいけないようにと考えて菜食主義になる人もいます。ニンジン、ホウレンソウ、ブロッコリー……でもコラムで書いたように、植物も私たちと祖先を同じくする生きもの仲間です。私たちの体は、生きものを食べずには生きられないようにできているのです。

考え込むしかありません。ここでの答えは、生きものを食べるのは許されることとして、生きものたちに感謝する気持ちでていねいにいただくということしかないでしょう。無暗《むやみ》にdセッショウはしない。そして食べものはムダにせずに、「いのちをいただきます」という気持ちでいただく。これが生きるということです。つまりいのちのことを考えると、絶対いけないという×と、すべてよろしいという○ではすまないことがたくさん出てくるのです。そこが問題の難しいところです。ここで一人一人よく考えるほかありません。生きるとは、そういう面倒なことを考えることだと言ってもよいかもしれません。

コラム　生きものはみんな仲間

〝いのち〟とか〝生きている〟ということを考える時、普通は人間のことだけを考えがちです。身近なペットや庭の草花を思い浮かべる時も、やはり人間中心になります。でも、生命誌では、〝生きている〟という言葉でまず地球上に存在する生きものすべてのことを考えます。地球上にはさまざまな動物（この仲間には、鳥・魚・昆虫なども入ります）や植物はもちろん、目に見えないバクテリアなどもあり、その種類は数千万種に及びます。それぞれの特徴を生かして生きる異なる生きものたちですが、すべての生きものに共通することがあるのです。それは細胞でできていること。しかもその中に必ずＤＮＡという物質が入っていて、それが遺伝子の役割をしていることです。

数千万種もの生きものが共通性を持っているのは、一つの祖先細胞からすべてが進化し、今の生きものたちになってきたからなのです。もちろんその中には人間もいます。まず「生きものはみんな仲間」という事実を忘れずに、すべての生きものに仲間としての眼差しを向けることが出発点です。もちろん大きな動物は怖いとか虫はちょっとダメなど苦手意識は誰にもありますね。どれもみんな同じように好きとはいかないのは仕方がありません。でも仲間ということは忘れないでいることは大事です。

すべての生きものの共通祖先となる細胞は、三八億年ほど前の海に存在したことがわかっています。つまり今地球上にいる生きものは、皆三八億年近い長い歴史を持っているのです。ここに一匹のアリがいたら、その親、さらにその親を辿《たど》っていくうちに必ず三八億年ほど前の祖先細胞に戻ります。人工的にアリを作り出すことはできません。三八億年近い長い時間がなければ、アリは存在しないのです。小さな生きものも粗末に扱えません。

一つ一つの生きものが長いいのちの歴史の中にあるのです。私たち人間もその中の一員であることを忘れずにいれば、生きものを大切にする気持ちは自ずと生まれてくるのではないでしょうか。

（中村桂子『老いを愛づる』による）

問一　――部a～dのカタカナを漢字に直せ。

問二　本文中の［A］［B］にあてはまる語の組み合わせとして、最も適当なものを**ア**～**エ**から選び、記号で答えよ。

ア（A　また　　B　しかも　）
イ（A　しかし　　B　たとえば）
ウ（A　もちろん　　B　ただ　）
エ（A　つまり　　B　そこで　）

問三　――部①「殻に閉じこもる」について、具体例を述べたものとして、**適当でないもの**を**ア**～**オ**から一つ選び、記号で答えよ。

ア　登校時は誰とも話さず音楽ばかりを聴く。
イ　スマートフォンで好きな動画だけを見る。
ウ　家にいても家族と一緒に食事はとらない。
エ　ニュースや新聞は見たり読んだりしない。
オ　長期休暇の計画を複数の友人と話し合う。

問四　次の文は――部②「いのちを大切に」について筆者の考えを説明したものである。空欄に当てはまる語句をコラムから抜き出し、［Ⅰ］は漢字四字、［Ⅱ］は漢字二字でそれぞれ答えよ。

地球上のすべて生きものは、共通する［Ⅰ］からそれぞれ進化したものであり、［Ⅱ］であることを出発点とすることで、自ずと生まれてくる気持ちのことである。

問五　――部③「ここでちょっと困ったことに出会います」とあるが、どういうことか。次の文の空欄に当てはまる適当な語句を二十字以内で補え。

我々人は生きものである以上、他の生きもののいのちを大切にしなければならないが、［　　　　］生きものである。

問六　本文とコラムにおける筆者の考えを説明したものとして適当なものを、**ア**〜**キ**から二つ選び、記号で答えよ。

ア　人は、自分のことだけ考えたほうがしあわせに生きられる生きものである。

イ　人は、好き嫌いだけで鳥や魚、昆虫などを殺す生きものである。

ウ　人は、良いことと悪いことを明確に区別していけばよい生きものである。

エ　人は、面倒なことを考えて生きていかなければならない生きものである。

オ　人は、強いものが残り、弱いものが滅びる世界で生きる生きものである。

カ　人は、一部の偉い人たちが決めたルールに従って生きる生きものである。

キ　人は、長いいのちの歴史のなかにいることを自覚すべき生きものである。

二

次の文章を読んで、あとの問いに答えなさい。

同じ中学校に通う「早乙女《そうとめ》いろは」と「春名《はるな》陽太《ようた》」は、互いに「いろは」、「ヨータ」と呼び合ってきた幼なじみであったが、中学生になり、少しずつ相手を意識し始めるようになっていた。

お詫び
著作権上の都合により、文章は掲載しておりません。
ご不便をおかけし、誠に申し訳ございません。
教英出版

お詫び
著作権上の都合により、文章は掲載しておりません。
ご不便をおかけし、誠に申し訳ございません。
教英出版

お詫び

著作権上の都合により、文章は掲載しておりません。
ご不便をおかけし、誠に申し訳ございません。

教英出版

お詫び

著作権上の都合により、文章は掲載しておりません。
ご不便をおかけし、誠に申し訳ございません。

教英出版

（一ノ瀬亜子『ナミダ列車』ＫＡＤＯＫＡＷＡによる）

※　陸部＝陸上部。
※　部活＝部活動。

問一　――部ａ～ｄの漢字の読みを答えよ。

問二　――部①「受け取る手は緊張で震えてしまった」理由として最も適当なものを**ア**～**エ**から選び、記号で答えよ。

ア　鉢巻きを交換すると、ヨータと付き合わなければならないという空想をした自分が恥ずかしかったから。

イ　鉢巻きの交換を簡単に言ってきたヨータに、自分への感情が少しもないことが分かって憤っていたから。

ウ　鉢巻きの交換を言ってきたヨータが、もしかしたら自分のことを好きなのかもしれないと意識したから。

エ　この鉢巻きを受け取ることで、周りの女子からヨータと付き合っていると思われるのが怖くなったから。

問三　［　Ａ　］［　Ｂ　］に入る語句として適当なものを**ア**～**エ**から選び、それぞれ記号で答えよ。

ア　夢のような世界　　**イ**　風のような人だ

ウ　付き合っているみたい　　**エ**　無頓着な感じだ

問四　――部②「最近ヨータって女子たちの間で人気なんだよ」と言った「いろは」の気持ちが行動として表れたところがある。その一文を――部②より後の本文中から抜き出し、最初の四字で答えよ（句読点は一字に数えない。）。

問五　本文が過去の回想として書かれていることがよく分かる部分がある。その部分を六字で抜き出して答えよ（句読点は一字に数えない。）。

問六　次は、――部③「一瞬、幻覚のようなものが見えて目を擦《こす》る」について語り合った先生と生徒との会話である。［Ⅰ］［Ⅱ］に当てはまる語句を、それぞれ本文中から抜き出せ。ただし、［Ⅰ］は十七字にて、［Ⅱ］はヨータの言葉を抜き出してその最初の三字を書くことで、それぞれ答えよ（句読点は一字に数えない。）。

先　生「『いろは』はなぜ『幻覚のようなものが見え』たと思いますか。理由も含めて話し合いましょう。」

生徒A「『ヨータ』の足があまりにも速くて、ゴールの前に1着でゴールする姿が見えたのかな。」

生徒B「私は、『ヨータ』の走りで砂ぼこりが舞い、『羽が舞い散った。』ように見えたのかと思いました。」

生徒C「私は、『ヨータ』への気持ちが『いろは』に『幻覚』を見させたのだと思いました。この――部の前の『［Ⅰ］。』の一文は、『ヨータ』への『いろは』の気持ちの表れだと思います。」

生徒A「Cさんの意見を聞いて、私もそうだと思いました。『翼が生えていたんだ。』とあるから、『ヨータ』に1着になってほしいという気持ちが『幻覚』につながったのかな。」

生徒C「私は、『ヨータ』が『いろは』に言った言葉、『［Ⅱ］』を受けて、『ヨータ』の言葉の実現を願う『いろは』の強い気持ちが『幻覚』に表れたのだと思いました。」

先　生「『いろは』が『幻覚』を見た理由を考えると、とても深くて面白い読みができましたね。」

問七　本文での「ヨータ」の気持ちとして最も適当なものを**ア**～**エ**から選び、記号で答えよ。

ア　部活動に明け暮れ充実した日々を送る自分のことを見習い、目標を持たずにフラフラしている「いろは」に対し、もっと努力してもらいたいと考えている。

イ　今は走ることが何よりも好きで、女子を好きになったり、いろいろなことに興味をもったりせず、一番になるとの目標に向け努力し続けたいと考えている。

ウ　幼なじみの「いろは」が自分以外の男子に気持ちが揺れていることを心配しており、高い目標を達成できたら、すぐに自分の思いを伝えたいと考えている。

エ　陸上をこよなく愛し、高い目標を掲げて努力し続けており、その目標が達成されたら、幼なじみの「いろは」に自分の秘めた思いを伝えたいと考えている。

三

次の文章を読んで、あとの問いに答えなさい。

また、※ひちりき師用光《もちみつ》、※南海道に発向《はつかう》のとき(目的地に向けて出発するとき)、海賊《かいぞく》にあひにけり。用光をすでに殺さんとするとき(殺そうとするとき)、海賊に向かひて①いはく、「われ久しくひちりきもて朝につかへ、世に②ゆるされたり。今、いふかひなく賊《ぞく》徒《と》のために害されんとす(殺されようとしている)。③これ※宿業《しゆくごふ》のしからしむるなり(そうさせているのである)。しばらくの命を得させよ。一曲の※雅声《がせい》を④吹かん」と言へば、海賊抜ける太刀をおさへて⑤吹かせけり。用光、最後のつとめと思ひて、泣く泣く※臨調子《りんてうし》を吹きにけり。そのとき、情けなき群賊も感涙をたれて用光をゆるしてけり。⑥あまつさえ、淡路の南浦までおくりておろしおきけり。⑦諸道に⑧長《たけ》ぬるはかくのごとくの徳をかならずあらはすことなり。末代《まつだい》なほ、しかある事ども多かり(そのようなことが多い)。

(『古今著聞集』による)

※ ひちりき師＝雅楽で使われる縦笛の奏者。
※ 南海＝四国・紀伊半島南部・淡路島を含む地域。
※ 宿業＝前世の報い。前世で悪いことをしたから現世でこのような目にあっていると考えている。
※ 雅声＝優雅な曲。
※ 臨調子＝雅楽の曲名。

問一 ――部①「いはく」の読みを現代仮名遣いに直して書け。

問二 ――部②「ゆるされたり」の意味として最も適当なものをア～エから選び、記号で答えよ。

ア　罪を許されている　　イ　認められている
ウ　演奏を許可されている　　エ　演奏されている

問三 ――部③「これ」の指す内容を具体的に説明すると、「［Ⅰ］が［Ⅱ］に［Ⅲ］としていること」と記すことができる。それぞれに当てはまる言葉を答えよ。ただし、［Ⅰ］［Ⅱ］については本文中の言葉をそれぞれ抜き出し、［Ⅲ］については適切な言葉を考えて書け。

問四　――部④「吹かん」の現代語訳として最も適当なものをア～エから選び、記号で答えよ。

ア　吹かない　　イ　吹こう

ウ　吹いた　　エ　吹くまい

問五　――部⑤「吹かせけり」の主語を本文中の語句で答えよ。

問六　――部⑥「あまつさえ」の本文中の意味として最も適当なものをア～エから選び、記号で答えよ。

ア　したがって　　イ　しかし

ウ　そのうえ　　エ　つまり

問七　――部⑦「諸道に長ぬる」について、次の問いに答えよ。

(1)　本文の内容に即して具体的に説明すると、「[Ⅰ]が[Ⅱ]の[Ⅲ]であること」と記すことができる。それぞれに当てはまる言葉を答えよ。ただし、[Ⅰ] [Ⅱ]については本文中の言葉をそれぞれ抜き出し、[Ⅲ]については適切な言葉を考えて漢字二字で書け。

(2)　このような人のことを、「[　]に秀でた人」という。[　]に適切な言葉を考えて漢字二字で書け。

問八　――部⑧「かくのごとくの徳」の説明として最も適当なものをア～エから選び、記号で答えよ。

ア　用光のふるまいによって、海賊が感動し、用光を許し命を助けたこと。

イ　海賊のふるまいによって、用光が感動し、すばらしい演奏を披露したこと。

ウ　用光のふるまいによって、人々が感動し、海賊がそれを後世に伝えたこと。

エ　海賊のふるまいによって、人々が感動し、用光が後世にたたえられたこと。

四 次のⅠ・Ⅱの文章は、日本語について述べたものである。あとの問いに答えなさい。

Ⅰ

ふつう、文は述語で結ぶ。その述語はたいてい動詞か形容詞・形容動詞だ。しかも、日本語の動詞は「招く」「走る」「買う」というふうに、常体の場合、肯定の断定形は判で捺《お》したようにウ段の音で終わる。ウ段のなかでも、圧倒的に多くは①ルで終わる。形容詞のほうも「長い」「おかしい」のようにみなイで終わる。形容動詞は「なごやかだ」「健康だ」というように、すべてダの形で終わる。

「地震だ」「大問題だ」というふうに［ A ］に［ B ］の「だ」をつけて結ぶ文もあるが、それも最後は形容動詞とまったく同じ音になる。

Ⅱ

敬語の誤りとしてよく指摘されるのが、「控え室で少しお待ちしてください」のように［ C ］の形式の「お……する」「ご……する」を［ D ］のつもりでつかう例だ。ここは「……お待ちください」とあるべきところだ。「何かございましたら当方にご相談してください。」というのも②類例で、これも「ご相談［ E ］。」としたい。失礼を埋め合わせようというのか、その前後に尊敬の形を追加した例も多い。「親切にお教えしていらっしゃいます」という形など、本体がもともと謙譲《けんじょう》の表現なので、そこに尊敬の飾りをくっつけると、よけいちぐはぐな感じになる。

（中村明『文章作法事典』による）

問一 ――部①「ルで終わる」動詞について、文中の例以外に単語を一つ書け。

問二 ［ A ］［ B ］に入る品詞名を**ア**～**エ**から選び、それぞれ記号で答えよ。

ア 名詞　**イ** 副詞　**ウ** 助動詞　**エ** 助詞

問三 ――部②「類」の漢字の部首名を答えよ。

問四 ［ C ］［ D ］に入る適当な語を**ア**～**ウ**から選び、それぞれ記号で答えよ。

ア 尊敬　**イ** 謙譲《けんじょう》　**ウ** 丁寧

問五 ［ E ］にひらがな四字を入れて、正しい表現に直して書け。

問六　次は、文章Ⅱを読んだ先生と生徒との会話である。あとの問いに答えよ。

先　生「日本語の敬語ってとても難しい表現の一つですね。」
生徒A「あまり敬語を使い過ぎても、かえっていい感じを与えなくなるのですね。」
生徒B「そう言えば、『おハンバーグ』や『お牛乳』といった言い方もおかしく感じられます。」
生徒C「『先生がおっしゃられた……』などと敬語を重ねて使うのもどうかと思います。」
生徒D「先生にへつらった言い方に聞こえて、逆効果ですよね。」
生徒E「私は、先生をうやまっている感じが強くなってよいのではないかと思います。」

(1)　＝＝部「おっしゃられた」について、生徒Cはどのように表現すればよいと考えているのか、答えよ。

(2)　生徒A～Eの中で、文章Ⅱの趣旨と違う意見を述べている生徒を一人選べ。

2024(R6) 樟南高
教英出版

令和６年度

樟南高等学校入学者選抜学力検査問題

数　学 (50分)

※　答えはすべて別紙解答用紙に書きなさい。

※　解答用紙の下の「わく」の中に受検場と受検番号を書きなさい。

1 次の計算をしなさい。

(1) $15-7+9$

(2) $4-48\div 8$

(3) $\dfrac{3}{4}\div\dfrac{1}{2}-\dfrac{4}{3}$

(4) $2.3\times 4-5.6$

(5) $\dfrac{x-3y}{2}-\dfrac{2x-y}{5}$

(6) $(x+3)(x-1)-x(x+2)$

(7) $(-3ab)^2\times 2a\div 6a^2b^2$

(8) $\sqrt{12}-\sqrt{27}+\dfrac{6}{\sqrt{3}}$

2 次の問いに答えなさい。

(1) 1次方程式 $5x-2=14-3x$ を解け。

(2) $x^2-11x+28$ を因数分解せよ。

(3) 連立方程式 $\begin{cases} y=2x-3 \\ x+3y=19 \end{cases}$ を解け。

(4) 2次方程式 $x^2+7x=0$ を解け。

(5) $x=\sqrt{5}$ のとき，$x(x-3)+3(x-3)$ の値を求めよ。

(6) 32 と 36 の最小公倍数を求めよ。

(7) 右の図のような台形ABCDがある。点P，Qは，それぞれAを同時に出発して，点Pは辺AB，辺BC上をAからCまで毎秒2cmの速さで動き，点Qは辺AD上をAからDまで毎秒1cmの速さで動く。点P，Qが同時に出発してからx秒後の△APQの面積を$y$cm² とするとき，yをxの式で表せ。ただし，$3\leqq x\leqq 8$とする。

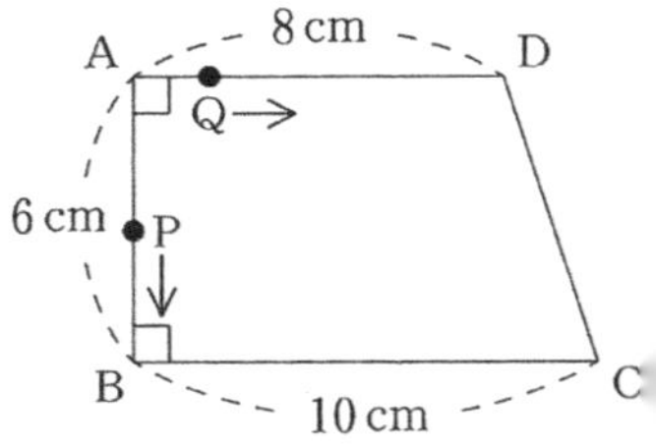

(8) 右の図のように，Aから円Oに引いた接線をABとし，接点をTとする。また，Aから円の中心Oを通るように直線を引き，円Oとの交点のうちAから遠い方をCとし，線分CTを引く。
∠A＝26°のとき，∠xを求めよ。

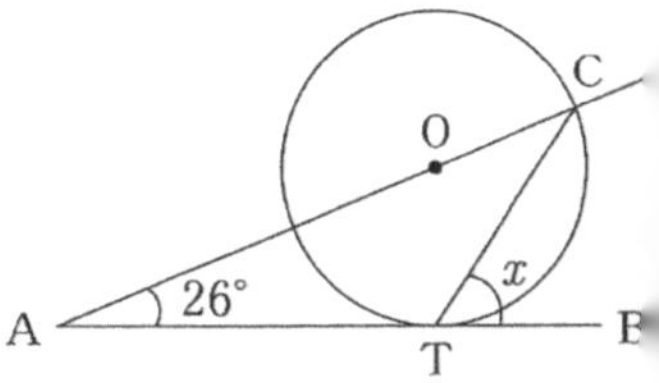

(9) 下のヒストグラムは，K市のある月の30日間の日ごとの最高気温のデータをまとめたものである。このヒストグラムを箱ひげ図に表したとき，最も適するものを右の①～④から1つ選べ。

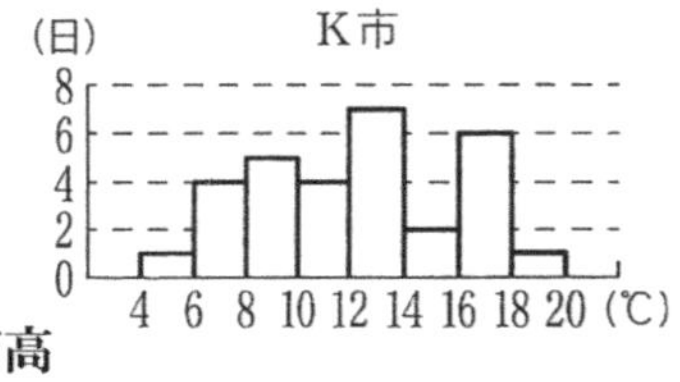

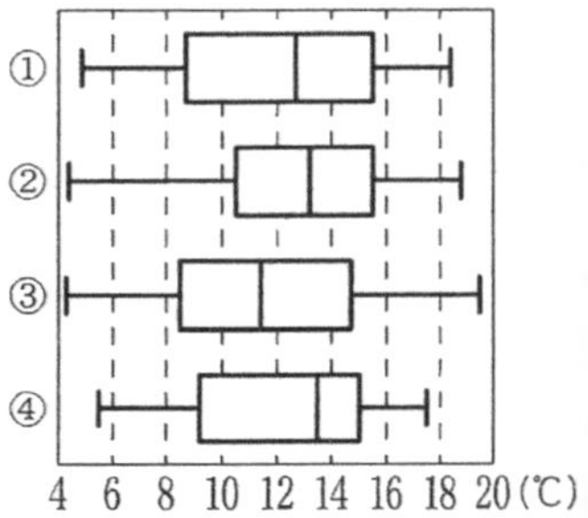

3 右の図のように，関数 $y=-\dfrac{1}{4}x^2$ のグラフ上に x 座標が4である点Aがあり，関数 $y=-\dfrac{1}{6}x+2$ のグラフ上に x 座標が6である点Bがある。

このとき，次の問いに答えなさい。

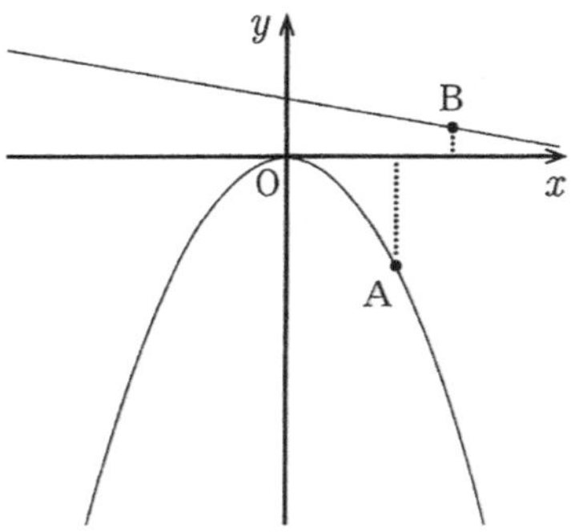

(1) 関数 $y=-\dfrac{1}{4}x^2$ について，x の変域が $-1 \leqq x \leqq 4$ のときの y の変域を求めよ。

(2) 直線ABの式を求めよ。

(3) △OABを，y 軸を軸として1回転してできる立体の体積を求めよ。ただし，円周率は π とする。

(4) x 軸上に原点Oと異なる点Pをとったとき，△OABと△PABの面積が等しくなった。このとき，点Pの座標を求めよ。

4 右の図のように，直線 ℓ と∠A＝90°，AB＝ACである直角二等辺三角形ABCがあり，点Aと直線 ℓ との距離は1cm，AB＝4cmである。

このとき，次の問いに答えなさい。

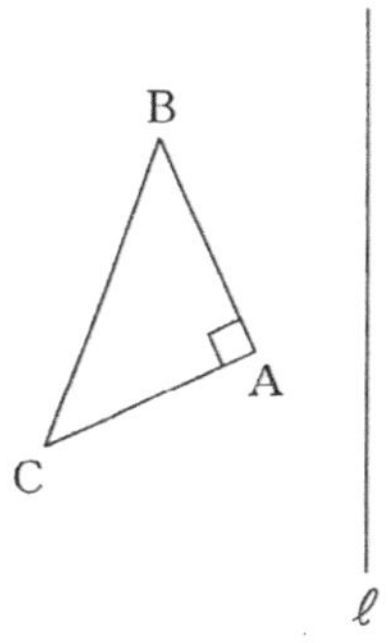

(1) 辺BCの長さを求めよ。

(2) 点Bと直線 ℓ との距離が2cmのとき，△ABCを，直線 ℓ を対称の軸として，対称移動させた直角二等辺三角形を作る。このとき，点Aを移動させた点をD，点Bを移動させた点をE，点Cを移動させた点をFとする。4点A，B，E，Dを頂点とする四角形ABEDの面積を求めよ。

(3) ℓ // BCとし，直線ABと直線 ℓ との交点をPとする。

(ア) △ABCを点Pを中心として時計回りに90°だけ回転移動させたとき，点Cが移動した距離を求めよ。ただし，円周率は π とする。

(イ) △ABCを点Pを中心として時計回りに1回転させたとき，△ABCが通った部分に色を塗った。塗られた部分の面積を求めよ。ただし，円周率は π とする。

5 右の図のように，$\boxed{A}$ をスタート，$\boxed{G}$ をゴールとしてコマを進めるゲームがある。ゲームでは，さいころを投げて出た目の数だけコマを右方向に進め，コマがちょうど $\boxed{G}$ の位置に停止すればゴールとする。コマを進めるにあたり，他に，下の《ルール》にも従うものとする。また，さいころを投げたときの1から6までのどの目が出ることも同様に確からしいとする。

スタート　　　　　　　　　　　　ゴール
$\boxed{A}$ — $\boxed{B}$ — $\boxed{C}$ — $\boxed{D}$ — $\boxed{E}$ — $\boxed{F}$ — $\boxed{G}$

> 《ルール》
>
> ①　$\boxed{D}$ の位置に停止した場合は，さらに，右方向に2つ進めて $\boxed{F}$ の位置に停止する。
>
> ②　$\boxed{E}$ の位置に停止した場合は，$\boxed{A}$ の位置に戻して停止する。
>
> ③　停止位置において，さいころを投げて出た目の数が，$\boxed{G}$ の位置までの移動の数を超える場合には，残る移動の数だけ $\boxed{G}$ の位置から左方向に戻して停止する。

コマの停止位置において，さいころの出た目の数に応じた進め方は，次の例1，例2，例3のようになる。

例1　コマが $\boxed{A}$ に停止しており，さいころを投げて3の目が出た場合。
$\boxed{A}\to\boxed{B}\to\boxed{C}\to\boxed{D}$ の順に移動して $\boxed{D}$ の位置に停止するが，《ルール》の①に従い，さらに，右に2つ進めて，$\boxed{F}$ の位置に停止する。

例2　コマが $\boxed{A}$ に停止しており，さいころを投げて4の目が出た場合。
$\boxed{A}\to\boxed{B}\to\boxed{C}\to\boxed{D}\to\boxed{E}$ の順に移動して $\boxed{E}$ の位置に停止するが，《ルール》の②に従い，$\boxed{A}$ の位置に戻して停止する。

例3　コマが $\boxed{F}$ の位置に停止しており，さいころを投げて5の目が出た場合。
$\boxed{F}\to\boxed{G}$ の移動の数の1を4だけ超えるので，《ルール》の③に従い，$\boxed{G}\to\boxed{F}\to\boxed{E}\to\boxed{D}\to\boxed{C}$ の順に左に4つ戻して $\boxed{C}$ の位置に停止する。

このとき，次の問いに答えなさい。

(1)　さいころを1回投げてゴールする確率を求めよ。

(2)　さいころを2回投げてゴールする確率を求めよ。

(3)　さいころを3回投げてゴールする確率を求めよ。

令和6年度

樟南高等学校入学者選抜学力検査問題

英　語 (50分)

※　答えはすべて別紙解答用紙に書きなさい。

※　解答用紙の下の「わく」の中に受検場と受検番号を書きなさい。

1 次の各文の（　　　）に入る最も適切な語(句)を下のア～エから１つ選び，記号で答えなさい。

1 There (　　　) three balls in the box.

ア am　　イ is　　ウ are　　エ be

2 (　　　) do you go to school? — By bike.

ア What　　イ When　　ウ Why　　エ How

3 Who is the (　　　) in your family?

ア tall　　イ taller　　ウ tallest　　エ most tall

4 My brother (　　　) in Kagoshima City three years ago.

ア live　　イ lived　　ウ lives　　エ will live

5 This is the story (　　　) was written by Murakami Haruki.

ア which　　イ who　　ウ what　　エ whose

2 次の各日本文の意味を表すように（　　　）内の語(句)を正しく並べたとき，（　　　）内で３番目と５番目にくる語(句)を記号で答えなさい。ただし，文頭にくる語も小文字で示してある。

1 私は昨日の午後はたいへん忙しかった。

(ア was　イ busy　ウ afternoon　エ I　オ very　カ yesterday).

2 彼はその試合を見るために早く起きた。

(ア up　イ got　ウ watch　エ he　オ early　カ to) the game.

3 図書館に行くのに10分かかりました。

(ア ten minutes　イ me　ウ get　エ to　オ took　カ it) to the library.

4 先週からずっと寒いです。

(ア been　イ since　ウ it　エ cold　オ has　カ last) week.

5 スペイン語はたくさんの国で話されていますか。

(ア countries　イ Spanish　ウ in　エ spoken　オ many　カ is)?

3 次の各組の英文がほぼ同じ意味になるように，(　　　)に入る適切な語を答えなさい。

1 { Don't go into this room now.
You (　　　) (　　　) go into this room now.

2 { I have many friends in my class.
I have a (　　　) (　　　) friends in my class.

3 { My mother is a very good pianist.
My mother plays the piano (　　　) (　　　).

4 { Mr.Tanaka is our English teacher.
Mr.Tanaka (　　　) (　　　) English.

5 { He has many books.　She has many books, too.
She has (　　　) (　　　) books as he does.

4 次の２つの英文【A】・【B】を読んで，各問いに記号で答えなさい。

【A】

The wind helps people. The wind helps people to fly *kites. The wind also helps people to sail boats. The wind helps plants, too. The wind *blows plant *seeds to new places. Soon, the seeds grow. Then there are new plants.

（注） kite 〔揚げて遊ぶ〕たこ　　blow 吹き飛ばす　　seed 種子

問１ How does the wind help people?

ア To make boats　　イ To make new plants　　ウ To fly kites

問２ What happens after the wind blows plant seeds?

ア Rocks grow　　イ Seeds grow　　ウ People grow

問３ What is the good title (name) for this story?

ア How to use boats　　イ The wind　　ウ Growing plants

【B】

*Jane Goodall is a famous scientist from England. She learned about wild *chimpanzees in Africa. Jane learned that baby chimpanzees ride on their mother's *backs until they are 3 years old. She learned that chimpanzees hold hands like people do. She also learned all about chimpanzees by watching them *closely.

（注） Jane Goodall ジェーン・グドール（人名）　　chimpanzee チンパンジー
back 背中　　closely 近くで

問１ Where did Jane Goodall learn about chimpanzees?

ア In Africa　　イ In South America　　ウ In England

問２ How long do baby chimpanzees ride on their mother's backs?

ア For three years　　イ For five years　　ウ For six years

問３ What is a good title (name) for this story?

ア Science and animals　　イ Jane Goodall's study　　ウ The life of chimpanzees

5 Richardは昼休みに買い物に行くつもりです。同僚のLisaとKateに何か必要なものがないか聞いています。次の対話文を読んで，文中の [1] ～ [5] に入る最も適切なものを下の**ア～キ**から１つ選び，記号で答えなさい。

Richard : I'm going out to buy what I need. Shall I get anything for you?
Lisa : Do you think you have time to go to the post office?
Richard : Yes, I do. [1]
Lisa : Will you send this package?
Richard : Sure.
Lisa : [2]
Richard : Don't worry about it. You can pay me when I get back.
Kate : I have some letters to mail today. Would you mind mailing them?
Richard : [3]
Kate : And if you can go to a convenience store, would you get some drinks for me?
Richard : No problem. I know your favorite.

At the post office, 10 minutes later.

**Postal worker* : Can I help you?
Richard : I'd like to send this package.
Postal worker : Just write receiver's name and address here, please.
Richard : OK.
Postal worker : Anything else?
Richard : I'd like to mail these letters. [4]
Postal worker : 10 dollars.
Richard : [5]
Postal worker : The closest one is one block away. You can find it on your right.
Richard : Thanks a lot.

(注) Postal worker 郵便局員

ア Not at all.
イ I'll go and get some money.
ウ By the way, is there a convenience store near here?
エ How much is it all together?
オ You're welcome.
カ Yes, I would.
キ What would you like?

6 メジャーリーグベースボール(MLB)で二刀流選手として活躍している大谷翔平(A two-way star Shohei Ohtani)についての話を読んで，各問いに答えなさい。

A two-way star Shohei Ohtani was born and raised in Oshu, a small city in northern Japan, in Iwate. (1) his parents played on sports teams. His father, Toru worked at a local factory and then played in a baseball league. His mother was a badminton player. They had a son and a daughter before welcoming their third child, Shohei, on July 5, 1994. Toru said that he raised Shohei and his other children *gently. Shohei was not afraid of taking bad results. "(2) (a / anything / he / who / was / tried / child)," Toru said. "If you didn't take care to watch him, it was dangerous."

(1) of Toru's sons played baseball, but he did not push them. He did not spend enough time playing baseball with his older son, Ryuta. When Ryuta was young, Toru was working long hours at the factory. Toru decided to become more *involved when Shohei was old enough to play baseball, around age eight. He gave some advice to his younger son. He taught him special ways of hitting and throwing, and he taught him a respect for the game. Years later, Ohtani said the best lesson he learned from his father was to play the game hard.

A *yakyu shonen*, the young Ohtani often watched games on television when he wasn't playing. He loved watching the Yomiuri Giants. "I watched baseball players and they looked so cool," Ohtani said. "I only played on weekends, and I really looked forward to weekends." Hideki Matsui was a favorite. Ohtani also became a fan of Yu Darvish, one of Japan's best pitchers. (1) players took their *talents from Nippon Professional Baseball (NPB) to MLB.

Iwate is much colder than other parts of Japan. There's a lot of snow. You can't run. You can't throw. So a man began building up a program at Hanamaki Higashi High School. Ohtani went there and joined the program. He learned it was about much more than baseball. He was asked to write down his most important goal. Around (3) that, he wrote the necessary *features to *achieve that goal. Later in high school, Ohtani did almost the same activity, but his goal moved up. At age seventeen his goal was to *skip NPB and go straight to the United States.

In October 2012, eighteen-year-old Ohtani held a news conference, and he told people that he would skip NPB to begin his professional *career in the US. "Great players from every country go there," Ohtani said. "I don't want to lose to those players."

Ohtani Shohei was decided the best player of the year in MLB in 2021. He was the first Japanese player to win the award. It is decided by the people who are in the same situation in MLB. "It is (4) something really special to be decided like this by the people I play with. It's a very special feeling. And I'll be happy if we can *compete at a high level for many more years to come," Ohtani said.

(*SHO-TIME* Diversion Books, NHK出版から一部改変)

(注) gently 優しく　involved 深く関わる　talent 才能　feature 特徴
achieve ～を達成する　skip ～を飛ばす　career 経歴　compete 競争する

問1 (　1　) に共通して入る語を下の**ア～エ**から1つ選び，記号で答えよ。

ア Other　**イ** Another　**ウ** One　**エ** Both

問2 下線部(2)が「彼は何でも試しにやってみる子どもだった」という意味を表すように，(　　　)内の語を正しく並べかえよ。

問3 次の質問に英語で答えよ。

What was the best advice from Ohtani's father?

問4 下線部(3)が指すものを本文中から4語で抜き出して答えよ。

問5 大谷選手が記者会見(a news conference)で伝えたかったことを下の**ア～エ**から1つ選び，記号で答えよ。

ア 日本のプロ野球リーグは世界で1番のリーグである。
イ 岩手県はとても寒く雪が多いので練習ができない。
ウ 各国からMLBにやってくる選手には負けたくない。
エ 最高の選手になるためには今すぐアメリカへ行くべきである。

問6 下線部(4)のように感じた理由として最も適当なものを下の**ア～エ**から1つ選び，記号で答えよ。

ア その賞を勝ち取った最初の日本人だから。
イ 仲間のメジャーリーグの野球選手によって選ばれたものだから。
ウ 二刀流選手として活躍できたから。
エ 大好きな松井秀喜選手に近付けたから。

問7 大谷選手について，本文の内容に合うものを下の**ア～オ**から1つ選び，記号で答えよ。

ア He has a younger brother and a younger sister.
イ When he was young, his brother taught him how to hit and throw.
ウ He loved watching baseball games, but he didn't like playing when young.
エ He wrote down his goal to begin his career in America when he was eighteen.
オ He was chosen the best player of the year in MLB at the age of twenty-seven.

7 次の英文は，警察犬となったシェパード「ラビィ」の物語である。これを読んで，各問いに答えなさい。

Have you ever seen a police dog working? Sometimes they save people after earthquakes. Today's amazing story is about a dog that no one wanted. That dog became a hero.

Ruby was a German shepherd. She was brought into an *animal shelter in a small town in the U.S. when she was four months old. Soon she was taken home by a family, but they quickly brought her back. They said she had too (1) energy. Sadly, (2) this happened four more times. Soon the people at the shelter decided to end Ruby's life. But a volunteer dog trainer named Emma Brown wanted to stop this. She often worked with Ruby and knew she was smart.

"Ruby would be a perfect work dog because of her high energy!"

Emma contacted the (3), and they decided to take her out of the animal shelter. This happened just two hours before Ruby was going to die.

Ruby's trainer was a policeman named Daniel O'Neil. When he first met Ruby, he said, "She didn't listen to me and acted wildly. I knew she needed lots of love and a safe home."

Training Ruby was not easy. It usually takes just a couple of months to train a police dog. For Ruby, it took a year and a half. Daniel worked hard with Ruby, and Ruby learned to *trust Daniel. Finally, she *completed her training and was number one in her class. She became Daniel's (4).

Daniel and Ruby worked together for five years. They found *missing people and solved lots of *crimes. Then, one day, Daniel was told to *search for a teenage missing boy. Daniel and Ruby searched near a mountain for a long time. Then suddenly, Ruby ran into a forest. Daniel quickly followed her and soon, he saw the missing boy. Ruby was *licking the boy's face to try to wake him up. The boy had a large *cut on his head and was weak, but he was *alive. Ruby saved the boy.

Now, (5) here is the amazing part of the story. The boy's mother was Emma Brown, the volunteer that took care of Ruby! Emma saved Ruby's life and Ruby saved her son's life.

Five years later, after a long and successful career with Daniel, Ruby died in May 2022. Daniel hopes that Ruby's story will *inspire people to believe in shelter dogs. In an interview, Daniel said, "If you give a shelter dog a second chance, it might change your world."

(*Amazing Story,* A Shelter Dog Becomes a Hero, June 28, 2023 から一部改変)

(注) animal shelter 動物保護施設　trust ～を信用する　complete 終了する
missing 行方不明の　crime 犯罪　search for ～を捜す　lick ～を舌でなめる
cut 切り傷　alive 生きて　inspire ～を勇気づけてやる気にさせる

問1 (　1　)に入る最も適切な語を下の**ア**～**エ**から1つ選び，記号で答えよ。

ア few　　**イ** little　　**ウ** many　　**エ** much

問2 下線部(2)が指す内容について，[a]，[b]に入る適切な日本語を答えよ。

ラビィはある家庭に[a]が，すぐに動物保護施設に[b]こと。

問3 (　3　)に入る最も適切な英語1語を本文中から抜き出して答えよ。

問4 次の質問に英語で答えよ。ただし，答えは与られた英語の続きから書くこと。

質問 What did Ruby do when she first met Daniel O'Neil?

答え She (　　　　　　　　　　　　　　　　　　).

問5 (　4　)に入る最も適切な英語を下の**ア**～**エ**から1つ選び，記号で答えよ。

ア partner　　**イ** teacher　　**ウ** guest　　**エ** child

問6 下線部(5)の表す内容を具体的に日本語で答えよ。

問7 本文の内容に合うものを下の**ア**～**オ**から2つ選び，記号で答えよ。

ア Ruby was brought into an animal shelter to cure her illness when she was young.

イ Training Ruby was difficult and it took a year and a half to train her as a police dog.

ウ Daniel worked with Ruby for several years and found that she was a very good dog.

エ Daniel and Ruby worked together and found missing people, but solved few crimes.

オ Daniel took an interview and said, "If you have a shelter dog, you might change yourself."

令和６年度

樟南高等学校入学者選抜学力検査問題

社　会 (50分)

※　答えはすべて別紙解答用紙に書きなさい。

※　解答用紙の下の「わく」の中に受検場と受検番号を書きなさい。

1 あるクラスでは，「世界各国の自然災害(2022 年)」というテーマで発表を行うために班ごとに分かれ資料を作成しました。次の資料をみて，あとの問いに答えなさい。

資料 1

パキスタン	フィリピン	フランス	オーストラリア
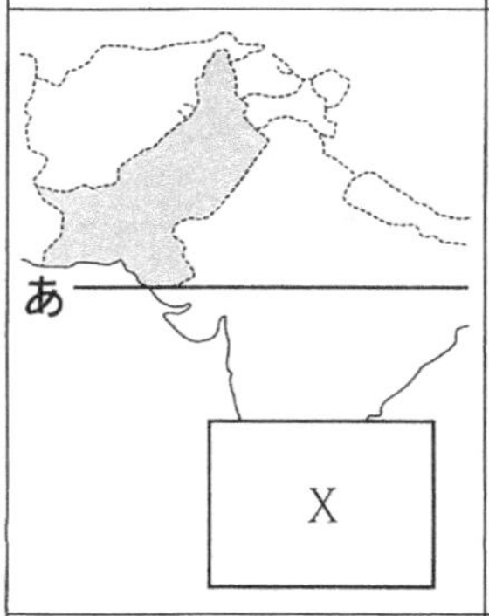			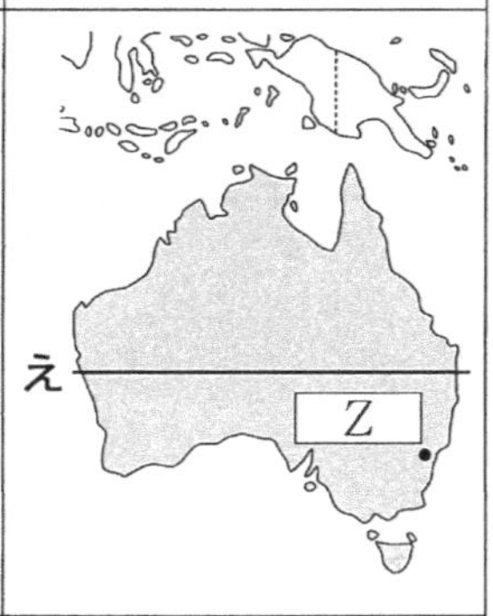
9月にパキスタンで，国土の３分の１が水没する深刻な洪水被害が発生しました。パキスタン政府は，洪水の被害原因は①気候変動によるものであるとし，地球を温暖化させてきた［ Y ］ガスの全体の 1% しか排出していないパキスタンがこのような被害に見舞われている不平等な現状を訴えています。	9月に台風 16 号がフィリピンのルソン島中部を襲い住宅や道路などに被害が発生し，バナナ農園など多くの②産業に損害が出ました。また，台風の発生数は，現時点で大きな変化がありませんが東アジア・東南アジア地域での猛烈な台風と超大型台風の割合は平年の約２倍になっています。	6 月に③欧州連合は「少なくとも過去 500 年で最悪の干ばつに直面している」と警告しています。水力発電や原子力発電への影響も指摘され，④エネルギー供給不足に拍車をかける恐れがあります。特に農業への被害は深刻で，⑤貿易や経済活動にも大きく影響しそうです。	7 月にオーストラリアの最大都市である［ Z ］を今年３度目の洪水が襲いました。4 日間で 800 ミリの雨が降り［ Z ］の一部では４日間の降水量が平年の約８か月分を記録しました。オーストラリア財務省によると約 34 億円の経済損失をもたらし，特に鉱物資源の採掘や農作物の収穫の遅れが大きく影響しています。

※縮尺はそれぞれ異なる

問 1 **資料 1** 中の**あ**～**え**で示した緯線のうち，赤道に該当するものを，**あ**～**え**のうちから一つ選べ。

問 2 **資料 1** 中の［ X ］の中に，陸地の形として正しく描かれているものを，**あ**～**え**のうちから一つ選べ。

あ	い	う	え
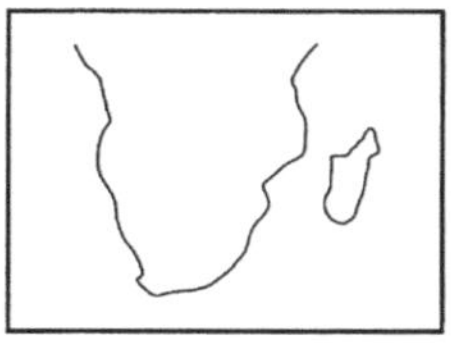		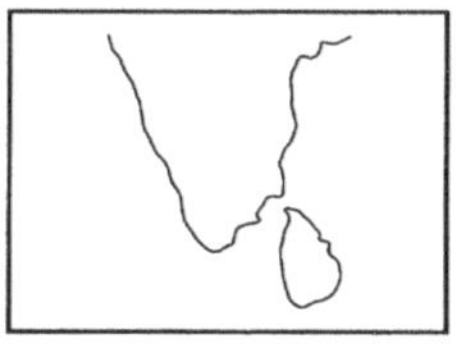	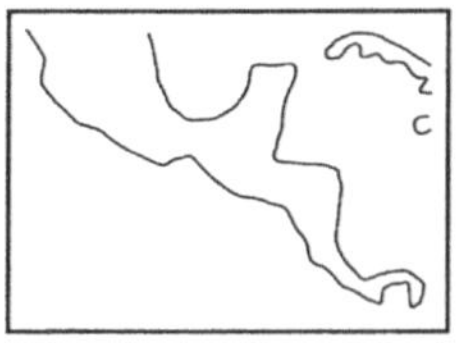

※国境線は省略し，縮尺はそれぞれ異なる

問 3 **資料 1** 中の［ Y ］にあてはまる語句を漢字 4 文字で答えよ。

問 4 **資料 1** 中の［ Z ］にあてはまる都市名を答えよ。ただし，略地図中と文中の［ Z ］に該当する語句は同じである。

問5　下線部①について，次の**あ**～**え**の雨温図はパキスタン，フィリピン，フランス，オーストラリアの首都の気温と降水量を示している。**パキスタン**の首都に該当するものを，**あ**～**え**のうちから一つ選べ。

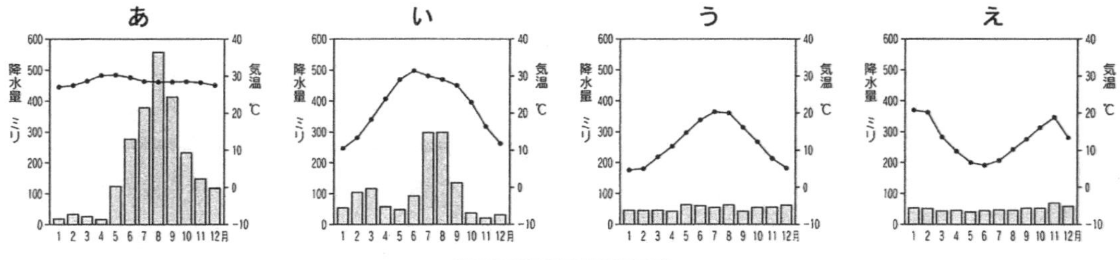

「気象庁データ」などによる

問6　下線部②について，次の表は，パキスタン，フィリピン，フランス，オーストラリアの産業別人口構成，小麦，米，トウモロコシの生産量を示している。**フィリピン**に該当するものを，**あ**～**え**のうちから一つ選べ。

	産業別人口構成(%)			小麦の生産量（千t）	米の生産量（千t）	トウモロコシの生産量（千t）
	第1次	第2次	第3次			
あ	2.8	20.0	75.8	30144	76	13419
い	2.6	19.4	78.0	14480	50	268
う	43.5	22.5	34.0	25248	8419	8465
え	26.7	17.5	55.8	－	19295	8119

「世界国勢図会（2022/23）」などによる

問7　下線部③の組織名をアルファベット2文字で答えよ。

問8　下線部④について，次の図は，パキスタン，フィリピン，フランス，オーストラリアの発電エネルギー源別割合を示したものである。**フランス**に該当するものを，**あ**～**え**のうちから一つ選べ。

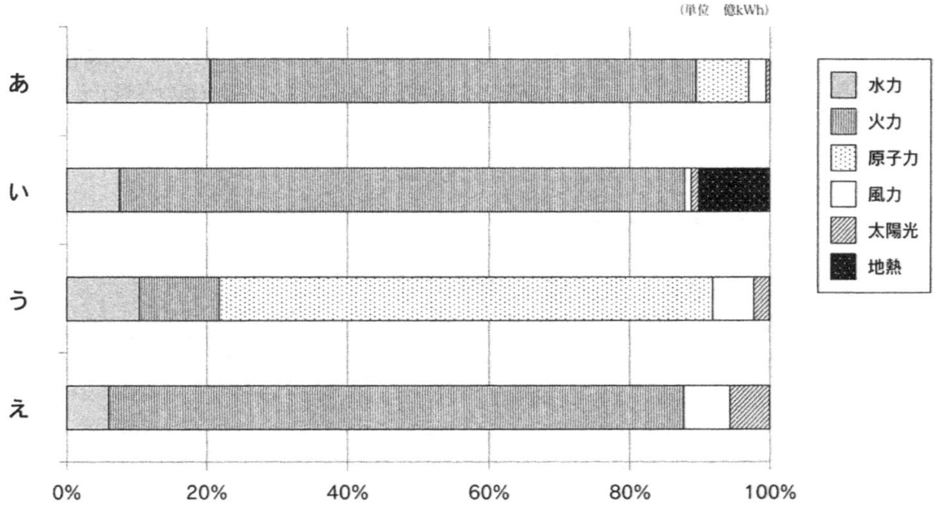

「世界国勢図会（2022/23）」による

問9　下線部⑤について，次の**あ**～**え**は，パキスタン，フィリピン，フランス，オーストラリアの輸出額上位4品目を示している。**フランス**に該当するものを，**あ**～**え**のうちから一つ選べ。

あ

鉄鉱石	80234
石　炭	30098
金	17591
肉　類	10144

い

機械類	93951
自動車	42597
医薬品	38776
航空機	29051

う

機械類	42279
野菜,果実	3094
精密機械	1801
銅	1665

え

繊維品	7112
衣　類	6177
米	2101
野菜,果実	751

（単位：百万ドル）「世界国勢図会（2022/23）」による

問10　1班は地球環境問題の総合的な関係を**資料2**にまとめた。**資料2**中の［　A　］・［　B　］に該当する語句の組み合わせを，**あ**～**え**のうちから一つ選べ。

資料2

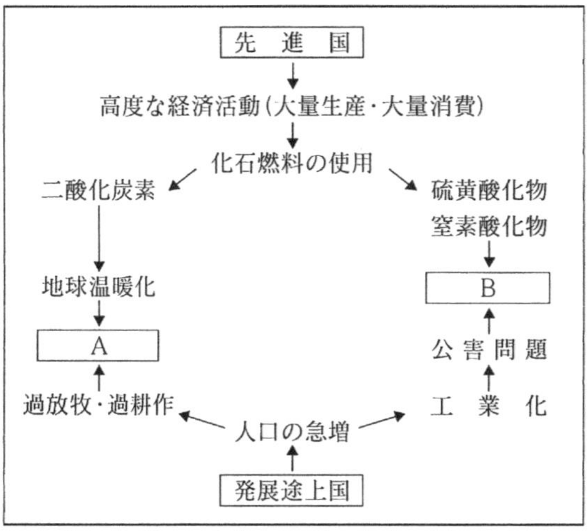

	A	B
あ	熱帯林破壊	赤潮
い	砂漠化	酸性雨
う	酸性雨	砂漠化
え	赤潮	熱帯林破壊

問11　2班は発展途上国に対して援助を行っている団体などのホームページを見つけ**資料3**にまとめた。**資料3**中の［　C　］・［　D　］に該当する語句の組み合わせを，**あ**～**か**のうちから一つ選べ。

資料3

自然災害にともに立ち向かう

日本国際協力機構（［　C　］）は，現地で共に生活をし，途上国の課題解決に貢献することを目的としています。また，途上国で発生した災害に対して緊急時の迅速な協力はもちろん，復興とその先の防災までを見据えた取り組みを行っています。現在も［　C　］のさまざまなプロジェクトの現場に［　D　］が派遣され，教育，環境，保健医療，農業などさまざまな分野の国際協力に取り組んでいます。

	C	D
あ	UNICEF	国際赤十字
い	NGO	国境なき医師団
う	JICA	青年海外協力隊
え	UNICEF	国境なき医師団
お	NGO	青年海外協力隊
か	JICA	国際赤十字

2 北海道に関するあとの問いに答えなさい。

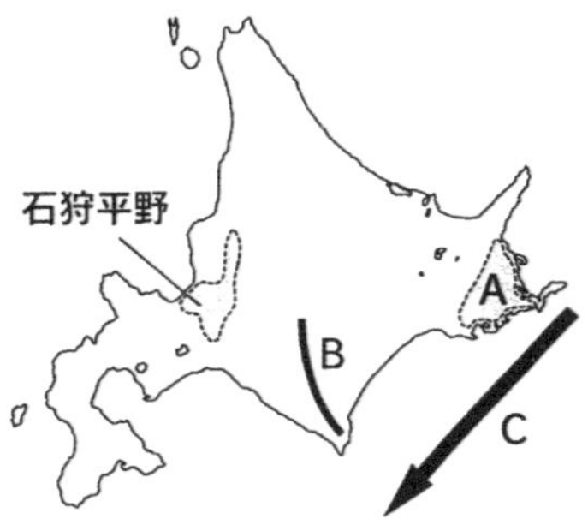

問 1 右の略地図中に示されているAの台地，Bの山脈，Cの海流の名称を答えよ。

問 2 右の略地図中に示されている石狩平野は，農業に適さない泥炭地が広がっていた地域に稲作に適した土を運び入れたことにより，現在，日本有数の米の生産地となっている。このように，土地改良を目的に他の土地から土を運び入れることを何というか，答えよ。

問 3 次のグラフは，北海道，東北，四国，九州の地域別農業産出額の割合(%)を示している。**北海道**に該当するものを，**あ**～**え**のうちから一つ選べ。

地域別の農業産出額の割合(2021年)

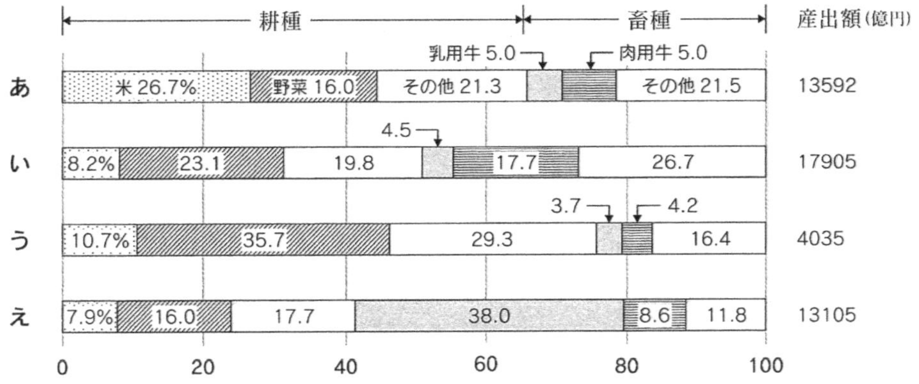

「日本国勢図会(2023/24)」による

問 4 北海道の水産業について，文中の［ X ］・［ Y ］にあてはまる語句の正しい組み合わせを，**あ**～**え**のうちから一つ選べ。

> 北海道は日本海，太平洋，オホーツク海の三つの海に囲まれており，豊富な水産資源に恵まれている。以前は，アラスカ沖などの遠い北の海で，さけやすけとうだらなどをとる遠洋漁業が盛んであったが，各国が［ X ］を設定すると，漁ができる範囲が限られたため，遠洋漁業は衰退した。現在では，将来にわたって水産資源を安定的に利用できるよう，稚魚や稚貝を育てて自然の海や川に放流する［ Y ］などを盛んに行うようになった。

	あ	い	う	え
X	排他的経済水域	排他的経済水域	公海	公海
Y	養殖漁業	栽培漁業	養殖漁業	栽培漁業

問 5 右の写真は，北海道周辺海域をはじめとする日本近海に世界有数の埋蔵量があるといわれている，「燃える氷」と呼ばれる資源エネルギーである。この資源エネルギーの名称を，**あ**～**え**のうちから一つ選べ。

あ バイオエタノール　　**い** レアメタル

う メタンハイドレート　　**え** バイオマス

3 次の略年表をみて，あとの問いに答えなさい。

西　暦	おもなできごと	
1334	建武の新政が始まる	……… ①
		↕ ア
1338	[Ｉ] が征夷大将軍になる	……… ②
1378	足利義満が幕府を室町に移す	
1404	日明貿易が始まる	……… ③
1429	琉球王国が成立する	……… ④
1457	[II] の戦いがおこる	……… ⑤
1467	応仁の乱が始まる	……… ⑥
		↕ イ
1573	室町幕府が滅びる	……… ⑦

問１　略年表中の①より前におこった日本の出来事として正しいものを，**あ**～**え**のうちから一つ選べ。

あ　天正遣欧使節が派遣される。

い　朝廷が南北に分かれ対立する。

う　永仁の徳政令がだされる。

え　関ヶ原の戦いがおこる。

問２　下の史料は略年表中の**ア**のころにだされた文章である。何といわれている史料か，答えよ。

> 　このごろ都ではやっているものは，夜討ちや強盗，天皇のにせの命令，逮捕された人や緊急事態を知らせる早馬，何もないのに騒動が起こること。
>
> （『建武年間記』より，一部要約）

問３　略年表中の②の [Ｉ] にあてはまる人物は誰か，答えよ。

問４　略年表中の足利義満の将軍在職中におこった出来事として正しいものを，**あ**～**え**のうちから一つ選べ。

あ　南朝と北朝が統一される。

い　承久の乱がおこる。

う　御成敗式目がつくられる。

え　正長の土一揆がおこる。

問５　略年表中の③の貿易に，下のような通行証明書が明から与えられた。この証明書を何というか，答えよ。

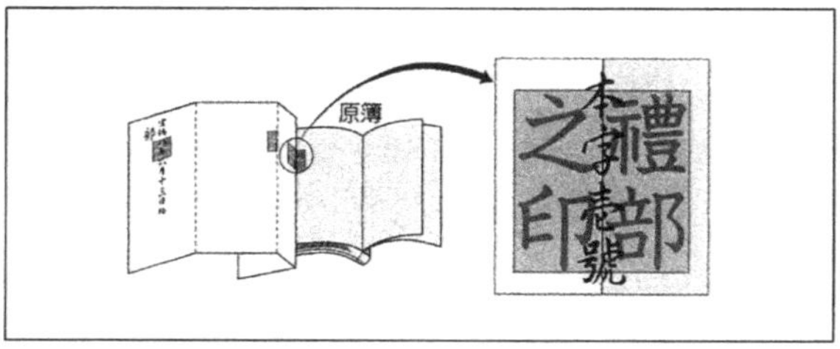

令和六年度

国語解答用紙

一

問一
a
b
c
d

問二

問三

問四
I
II

問五

問六

二

問一
a
b
c
d

問二

問三
A
B

問四

問五

ここにシールを
貼ってください

受検番号

得点	

（配点非公表）

24012710

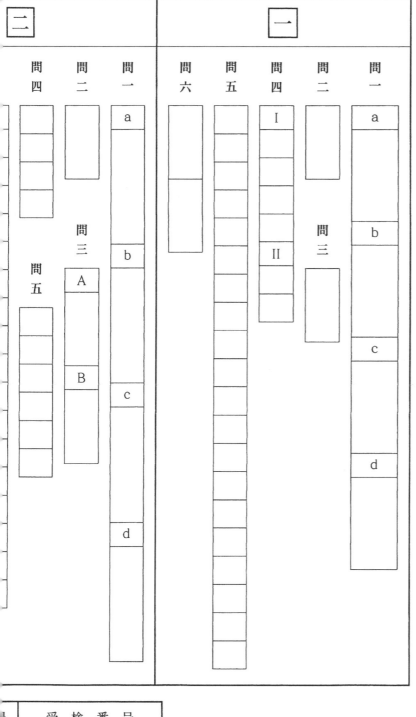

(2)	
(3)	$x =$　　　　　　, $y =$
(4)	$x =$
(5)	
(6)	
(7)	$y =$
(8)	$\angle x =$
(9)	

(1)	
(2)	
(3)	

受　検　場	受　検　番　号

得点	

（配点非公表）

問 4 ( ) ( ) ( ) ( )

問 5 　 問 6 　 問 7

7

問 1

問 2 a　b

問 3

問 4 She ( ).

問 5

問 6

問 7

受検場	受検番号

得点合計

(配点非公表)

			%

(5)	(6)
g	g

7

(1)		

(3)					
①		②		③	

(2)

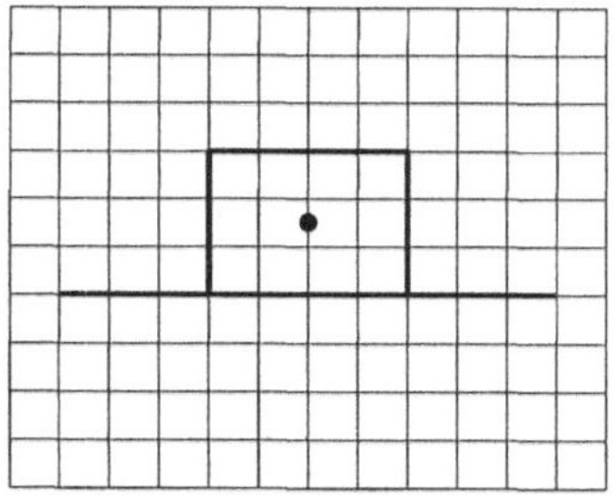

(4)

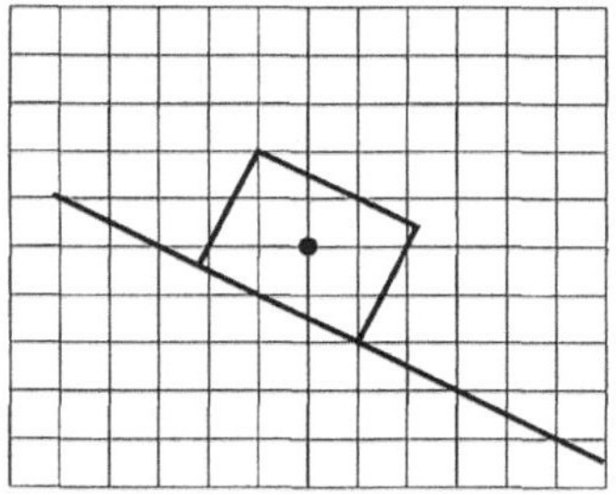

(5)	(6)			
	力の名称		大きさ	N

8

(1)	(2)	(3)	(4)	(5)	(6)
m				W	

受　検　場	受　検　番　号

得　　点

（配点非公表）

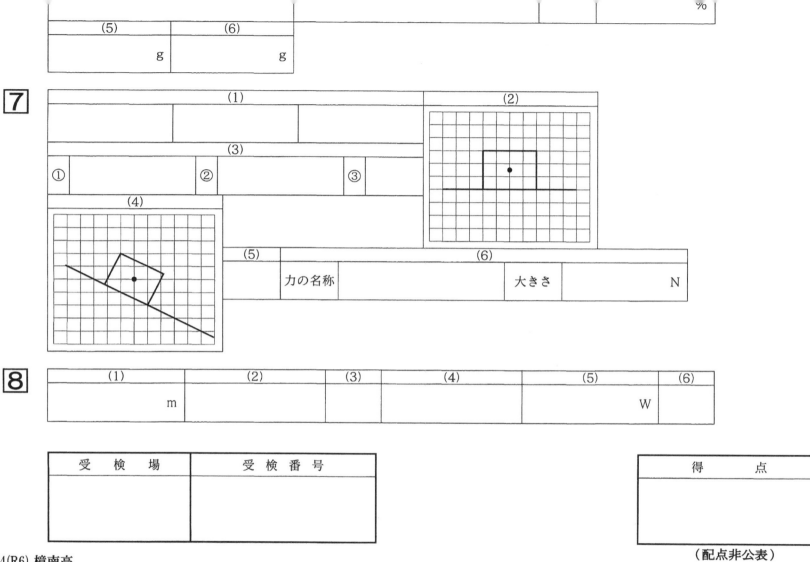

問 6	問 7

5

問 1	問 2	問 3	問 4	問 5	問 6
1					

6

問 1	問 2	問 3	問 4	問 5	問 6	問 7
1						

問 8

受　検　場	受　検　番　号

得点	

（配点非公表）

令和６年度　**社 会 解 答 用 紙**

ここにシールを
貼ってください

24012740

1

問 1	問 2	問 3	問 4	問 5	問 6
問 7	問 8	問 9	問 10	問 11	

2

問 1			問 2	問 3	問 4	問 5
A	B	C				

3

問 1	問 2	問 3	問 4	問 5

問 6	問 7	問 8	問 9	問 10	問 11

【解答

令和6年度 **理 科 解 答 用 紙**

ここにシールを貼ってください

24012750

1

(1)										
①	ア		イ		ウ		エ		オ	

(1)		(2)						(3)			
②		①		②		③		葉の表	g	葉の裏	g

2

(1)	(2)	(3)	(4)	(5)					
				①	X		Y		②

3

(1)	(2)	(3)	(4)	(5)
			時間後	

4

(1)	(2)	(3)	(4)	(5)

5

(1)	(2)	(3)
g		g

(4)	(5)
銅の質量：マグネシウムの質量 ＝ ：	

(6)
%

【解答

令和6年度　**英 語 解 答 用 紙**

ここにシールを
貼ってください

24012730

1

1	2	3	4	5

2

	3番目	5番目
1		

	3番目	5番目
2		

	3番目	5番目
3		

	3番目	5番目
4		

	3番目	5番目
5		

3

1	

2	

3	

4	

5	

4

【A】

問1	問2	問3

【B】

問1	問2	問3

5

1	2	3	4	5

6

問 1

【解答

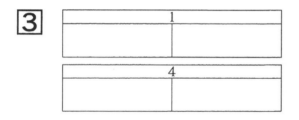

令和６年度　**数　学　解　答　用　紙**

ここにシールを貼ってください

24012720

1

(1)	
(2)	
(3)	
(4)	
(5)	
(6)	
(7)	
(8)	

3

(1)	
(2)	
(3)	
(4)	(　　　　,　　　　)

4

(1)		cm
(2)		cm^2
(3)	(ア)	cm
	(イ)	cm^2

【解答

2

三

問一

問二

問三

I

II

III

問四

問五

問六

問七

(1)

I

II

III

(2)

問八

四

問一

問二

A

B

問三

問四

C

D

問五

問六

(1)

(2)

生徒

問七

受

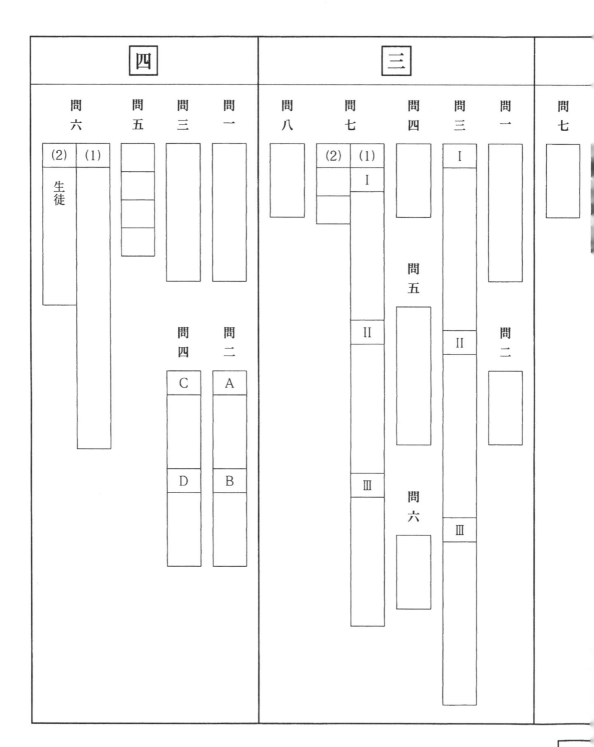

問6　略年表中の④の琉球王国は，日本や中国・朝鮮半島や，遠く東南アジアとの産物のやりとりをした。この交易を何というか，答えよ。

問7　略年表中の⑤で，和人の進出に圧迫され抵抗したアイヌの人々は，指導者を中心に和人と衝突した。［　Ⅱ　］にはいるアイヌ人の指導者は誰か，答えよ。

問8　略年表中の⑥のころ育まれた東山文化の内容として**誤っているもの**を，**あ**～**え**のうちから一つ選べ。

あ　生け花や茶の湯の文化が育まれた。

い　砂や岩で自然を表現した枯山水の庭園が造られた。

う　禅僧の住まいをまねた書院造が生まれた。

え　観阿弥・世阿弥によって能が完成された。

問9　応仁の乱の後，幕府が力を失い各地で戦国大名が活躍した時代を戦国時代という。戦国大名が自国の領地を支配するために作った，独自の法律を何というか，答えよ。

問10　下の史料はある戦国大名が作った法律である。下の法律を作成した人物は，下の略地図中の**あ**～**え**のどの地域を支配していたか，一つ選べ。

(法律)

> 一　けんかをした者は，いかなる理由による者でも処罰する。
>
> (部分要約)

(略地図)

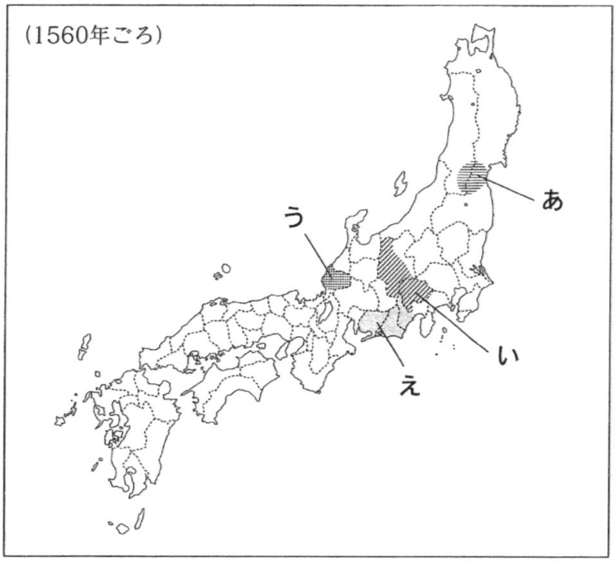

問11　次の**A**～**D**は，略年表中の**イ**の時期の出来事である。古いものから年代順に正しく配列したものを，**あ**～**か**のうちから一つ選べ。

A　ポルトガル人が種子島に鉄砲を伝えた。

B　加賀の一向一揆がおこった。

C　マゼランが世界一周に出発した。

D　インカ帝国が滅んだ。

あ	A－B－C－D	**い**	B－C－D－A	**う**	C－B－A－D
え	D－C－B－A	**お**	A－D－C－B	**か**	B－A－C－D

4 次のA～Dの出来事について，あとの問いに答えなさい。

A　①キリスト教の伝来と広まり

インドや東南アジアでキリスト教の布教をしていたイエズス会の宣教師［X］が，キリスト教を伝えるために日本にやってきた。

B　白村江の戦い

朝鮮半島南部で行われた戦いで，日本は，新羅・［Y］の連合軍に大敗した。

C　ペリー来航

ペリーが，4隻の軍艦を率いて②浦賀に来航し，日本に開国を求めた。

D　モンゴル帝国の建国

［Z］は，分かれていたモンゴル高原の遊牧民の勢力を統一して，モンゴル帝国を建国した。

問1　Aの出来事中の［X］にあてはまる人物は誰か，答えよ。

問2　Bの出来事中の［Y］にあてはまる中国の王朝名を何というか，答えよ。

問3　Dの出来事中の［Z］にあてはまる人物は誰か，答えよ。

問4　下線部①について，ローマ教皇がおこなった免罪符の販売を批判し，ドイツで宗教改革を進めた中心人物は誰か，**あ**～**え**のうちから一つ選べ。

あ　ルター　　**い**　マルコ・ポーロ　　**う**　カルヴァン　　**え**　ミケランジェロ

問5　下線部②について，現在の都道府県のどこに位置するか，**あ**～**え**のうちから一つ選べ。

あ　東京都　　**い**　大阪府　　**う**　愛知県　　**え**　神奈川県

問6　Cの出来事と同じ年に起きたこととして正しいものを，**あ**～**え**のうちから一つ選べ。

あ　クリミア戦争が始まった。
い　ポーツマス条約が結ばれた。
う　コロンブスがカリブ海の島に到達した。
え　鎌倉幕府が滅亡した。

問7　A～Dの出来事を年代の古い順に並び変えたとき，**3番目**として適当なものをA～Dのうちから一つ選べ。

5 次の日本国憲法の条文を読んで，あとの問いに答えなさい。

第13条

すべて国民は，個人として尊重される。生命，自由及び幸福追求に対する国民の権利については，［　1　］に反しない限り，立法その他の国政の上で，最大の尊重を必要とする。

第14条

① すべて国民は，法の下に平等であつて，人種，信条，性別，社会的身分又は門地により，政治的，経済的又は社会的関係において，差別されない。

② 華族その他の貴族の制度は，これを認めない。

③ 栄誉，勲章その他の栄典の授与は，いかなる特権も伴はない。栄典の授与は，現にこれを有し，又は将来これを受ける者の一代に限り，その効力を有する。

第15条

① 公務員を選定し，及びこれを罷免することは，国民固有の権利である。

② すべて公務員は，全体の奉仕者であつて，一部の奉仕者ではない。

③ 公務員の選挙については，成年者による普通選挙を保障する。

④ すべて選挙における投票の秘密は，これを侵してはならない。選挙人は，その選択に関し公的にも私的にも責任を問はれない。

第25条

① すべて国民は，健康で文化的な最低限度の生活を営む権利を有する。

② 国は，すべての生活部面について，社会福祉，社会保障及び公衆衛生の向上及び増進に努めなければならない。

問1 文中の［　1　］に適する語句を答えよ。

問2 日本国憲法で保障されている自由権を分類したとき，〔　X　〕～〔　Z　〕に当てはまる正しい組み合わせを，**あ**～**え**のうちから一つ選べ。

精神の自由	〔　X　〕，思想・良心の自由，信教の自由，学問の自由
身体の自由	〔　Y　〕，奴隷的拘束・苦役からの自由，拷問の禁止，法定手続の保障
経済活動の自由	〔　Z　〕，居住・移転・職業選択の自由

	〔　X　〕	〔　Y　〕	〔　Z　〕
あ	集会・結社・表現の自由	黙秘権	財産権の不可侵
い	教育を受ける権利	集会・結社・表現の自由	財産権の不可侵
う	財産権の不可侵	黙秘権	生存権
え	生存権	集会・結社・表現の自由	教育を受ける権利

問3 現在の日本の選挙制度に関する説明として正しいものを，**あ**～**え**のうちから一つ選べ。

あ 高校生が投票に行ったり，候補者になることが可能になった。

い 衆議院議員の選挙では，小選挙区比例代表並立制が採られている。

う 議員一人当たりの有権者数の差が投票価値の不平等にあたるかどうかについて，最高裁判所が憲法判断を下したことはない。

え 投票率を向上させるため，インターネットによる投票が可能になった。

問４　高度経済成長期に深刻化した公害問題などに対処するため，憲法第 13 条と憲法第 25 条を根拠に主張されるようになった新しい人権は何か，答えよ。

問５　国民が投票によって直接罷免させることができる公務員を，**あ**～**え**のうちから一つ選べ。

あ　内閣総理大臣　　**い**　国務大臣　　**う**　最高裁判所の裁判官　　**え**　下級裁判所の裁判官

問６　次のグラフは，スイスの非営利財団「世界経済フォーラム」が発表した「2023 年ジェンダーギャップ指数(男女平等格差指数)」を表したものである。指数は「経済参画」「教育」「健康」「政治参画」の４つの分野で構成されており，「1」が完全平等，「0」が完全不平等として数値化されている。グラフ中の**Ａ**～**Ｄ**の数値は，日本における男性に対する女性の割合を示したもので，**Ａ**～**Ｄ**は４つの分野のいずれかが当てはまる。総合スコアの１位はアイスランド，日本は 146 か国中 125 位である。

日本がジェンダーギャップ指数を上げていくために，今後，特に力を入れるべきことを，下記の①～⑩を参考に 15 字以内で答えよ。

① 国会議員の男女比
② 閣僚の男女比
③ 行政府の長の在任年数の男女比
④ 労働参加率の男女比
⑤ 同一労働における賃金の男女格差
⑥ 管理的職業従事者の男女比
⑦ 識字率の男女比
⑧ 初等教育就学率・中等教育就学率・高等教育就学率の男女比
⑨ 出生児性比
⑩ 健康寿命の男女比

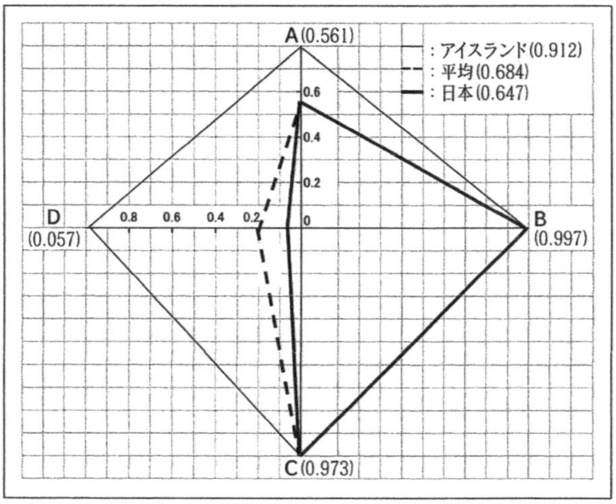

(内閣府男女共同参画局資料により作成)

6 次の文章を読んで，あとの問いに答えなさい。

人々が生活するために必要な財やサービスを生産し，分配，消費する活動や流れを経済という。現代の経済は，市場を中心として行われるが，市場だけでは十分に解決できない経済問題も多い。そうした問題に対しては，政府が適切に対応することが求められている。政府がおこなう経済活動を財政という。財政の役割としては，社会資本や公共サービスを提供する資源配分の役割，累進課税や社会保障，雇用対策などを行うことでなされる［　1　］の再分配の役割，①<u>景気の浮き沈みを減らす経済の安定化の役割</u>がある。政府は，②<u>企業</u>や家計とともに経済を支える経済主体となっている。

問1　文中の［　1　］に適する語句を答えよ。

問2　下線部①に関連して，物価が上がり続ける現象を何というか。その現象と現象を抑制するためにとられる金融政策と財政政策の組み合わせとして正しいものを，**あ**～**え**のうちから一つ選べ。

あ　インフレーション。国債などを買う。公共事業を増やす。
い　インフレーション。国債などを売る。公共事業を減らす。
う　デフレーション。国債などを買う。公共事業を増やす。
え　デフレーション。国債などを売る。公共事業を減らす。

問3　下線部②に関連して，次の中から株式会社の説明として**誤っているもの**を，**あ**～**え**のうちから一つ選べ。

あ　株式は，証券取引所などで自由に売買することができる。
い　株主総会では会社経営の基本方針の決定や経営陣の選出が行われる。
う　株式会社が倒産した場合，株主は出資金を失うだけでなく，会社の負債を分担する責任がある。
え　経営状況を株主に報告したり，労働者の権利を守っていくことも企業の社会的責任に含まれる。

問4　主な税金を分類した次の表で，消費税はどこに分類されるか，**あ**～**え**のうちから一つ選べ。

	直　接　税	間　接　税
国　税	〔 **あ** 〕 所得税　　法人税	〔 **う** 〕 酒税　　揮発油税
地方税	〔 **い** 〕 事業税　　固定資産税	〔 **え** 〕 ゴルフ場利用税

問5　次の表は，ある給与所得者の給与明細の一部を示したものである (単位は円)。表中の〔　X　〕に当てはまる税の名称を答えよ。

支給	基本給	残業手当	深夜勤務手当	住宅手当	家族手当	
	220,000	31,250	0			
	資格手当	役職手当	住宅手当	通勤手当		総支給額
	5,000	0	10,000	10,000		276,250

控除	健康保険	介護保険	厚生年金	雇用保険	社会保険合計	
	13,776	0	25,620	828	40,224	
	〔 X 〕	住民税			税額合計	総控除額
	7,110	18,000			25,110	〔 Y 〕

差引支給額
210,916

問6　上の表で，総控除額〔　Y　〕はいくらになるか，計算して答えよ。

問7　日本の労働問題や社会保障制度の説明として正しいものを，**あ**～**え**のうちから一つ選べ。

あ　働き方改革を進めるために，仕事と個人の生活とを両立させるワーク・ライフ・バランスを実現させることが労働基準法で義務づけられた。

い　これまで日本の企業では，終身雇用や年功序列型賃金が一般的であったが，経済のグローバル化が進むなか，能力主義や成果主義を導入している企業もある。

う　社会保険には，医療保険，年金保険，雇用保険，労災保険，介護保険の5種類があり，各自の判断で加入する保険の種類や保険会社を選ぶことができる。

え　日本の社会保障制度は，社会保険，公的扶助，社会福祉，公衆衛生の4つの柱からなっており，すべて税金で運営されている。

問8　次の①～⑤の文は，2023年5月19日から21日にかけて開催された会議の首脳コミュニケ(骨子)の一部である。会議名と開催都市名の組み合わせとして正しいものを，**あ**～**え**のうちから一つ選べ。

①　ロシアの違法な侵略戦争に直面する中で，必要とされる限りウクライナを支援する。
②　核兵器のない世界という究極目標に向けて，軍縮・不拡散の取組を強化する。
③　自由で開かれたインド太平洋を支持する。
④　持続可能な開発目標(SDGs)の達成を加速させる。
⑤　法の支配に基づく自由で開かれた国際秩序を堅持し，強化する。　(外務省ホームページより)

	会　議　名	都　市　名
あ	主要国首脳会議(G7サミット)	広　島
い	主要国首脳会議(G7サミット)	東　京
う	東南アジア諸国連合(ASEAN)首脳会議	ジャカルタ
え	東南アジア諸国連合(ASEAN)首脳会議	バンコク

6 右の図の物質 A，物質 B は，2 種類の物質をそれぞれ 100g の水にとかしたとき，各温度での溶解度をグラフにしたものである。なお，物質 A と物質 B は塩化ナトリウムと硝酸カリウムのいずれかである。以下の各問いに答えなさい。

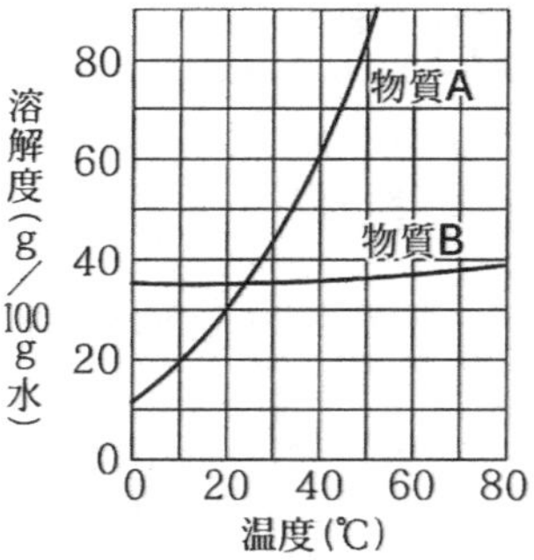

図

(1) 一定量の水に物質をとかしていくとき，物質がそれ以上とけることができなくなった水溶液を何というか。

(2) 物質 B は塩化ナトリウム，硝酸カリウムのどちらか。

(3) 物質 A と物質 B をそれぞれ 20g はかり，それぞれを 24℃の水 50g にとかした水溶液 A と水溶液 B がある。各水溶液について，正しいものを次の**ア**～**オ**から 1 つ選び，記号で答えよ。

ア 水溶液 A の質量パーセント濃度は水溶液 B の質量パーセント濃度の 3 倍である。
イ 水溶液 B の質量パーセント濃度は水溶液 A の質量パーセント濃度の 3 倍である。
ウ 水溶液 A の質量パーセント濃度は水溶液 B の質量パーセント濃度の 2 倍である。
エ 水溶液 B の質量パーセント濃度は水溶液 A の質量パーセント濃度の 2 倍である。
オ 水溶液 A と水溶液 B の質量パーセント濃度はほぼ等しい。

(4) 50℃の水 150g に物質 A を 100g 加え，よく混ぜた水溶液がある。この水溶液は，質量パーセント濃度で表すと何 % か。

(5) (4)の水溶液をろ過して，10℃にした。とけきれなくなって結晶として出てくる物質 A の量は何 g か。

(6) (4)の水溶液を 50℃に保ったまま，物質 A を 18g の結晶として取り出すには，水をおよそ何 g 蒸発させればよいか。ただし，物質 A は 50℃の水 100g に対して 82g までとけるものとする。

7　**図1**のように，水平な床の上に，質量500gの物体Aを置いた。100gの物体にはたらく重力の大きさを1N，物体にはたらく重力は物体の中心からはたらいているものとして，以下の各問いに答えなさい。

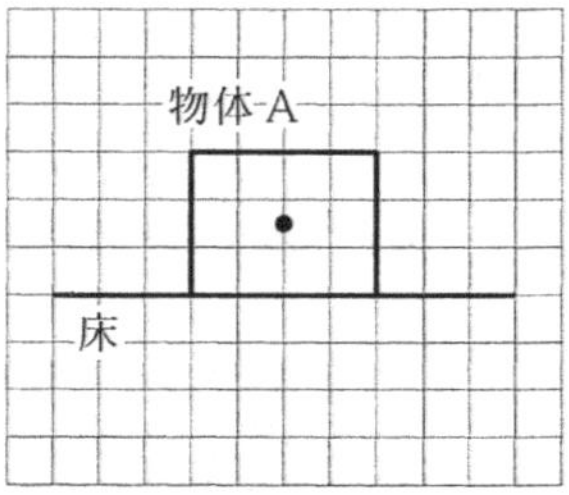

図1

(1)　力の３つの要素をすべて答えよ。

(2)　物体Aにはたらく力のつり合いに注意して，物体Aにはたらく垂直抗力をかけ。なお，力の矢印は1Nを格子１マスの長さで表現すること。また，物体A中の・は物体Aの中心を示している。

(3)　次の文は，物体Aにはたらく垂直抗力の反作用について説明したものである。文中の［　①　］，［　②　］に当てはまる語として，適当なものをそれぞれ答えよ。また，［　③　］に当てはまる語として，適当なものを**ア**，**イ**から１つ選び，記号で答えよ。

物体Aにはたらく垂直抗力の反作用は，［　①　］が［　②　］を［③（ **ア**　押す　**イ**　引く ）］力である。

次に，この物体Aを**図2**のように斜面上に置くと，物体Aは静止した。

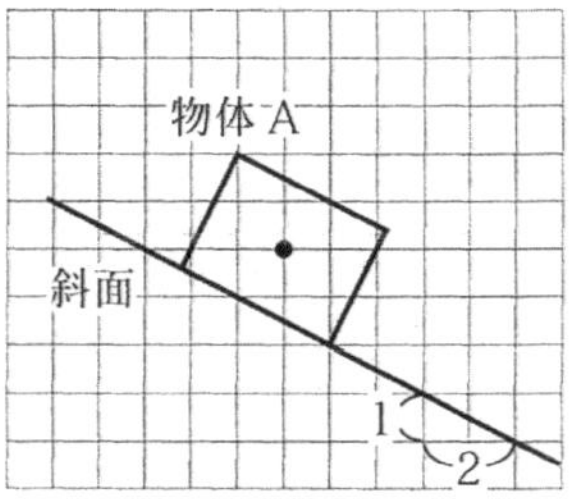

図2

(4)　物体Aにはたらく重力を実線の矢印(⟶)でかけ。また，重力を斜面に垂直な方向と斜面に平行な方向に分解し，破線の矢印(---▶)でかけ。なお，(2)と同様に，力の矢印は1Nを格子１マスの長さで表現すること。また，物体A中の・は物体Aの中心を示している。斜面の傾きは格子のマス目をよく見ること。

(5)　このとき，物体Aにはたらく垂直抗力の大きさは，(2)と比べてどうなるか。適当なものを次の**ア**～**ウ**から１つ選び，記号で答えよ。

ア　変わらない　　**イ**　小さくなる　　**ウ**　大きくなる

(6)　斜面上の物体Aが静止したままであったことから，重力と垂直抗力のほかに物体Aにはたらいている力を判断し，その力の名称と大きさを答えよ。なお，答に分数や根号が出てきた場合は，小数に直さずにそのまま答えよ。

8 次のⅠ・Ⅱを読んで，以下の各問いに答えなさい。

Ⅰ　雷雲の中で大小の氷の粒がこすれ合って静電気が発生し，雲の中にたまると，電気が空気中を地表に向かって光とともに一気に流れることがある。これをいなずまといい，このとき発生する音を雷鳴という。

(1)　いなずまが見えてから雷鳴が聞こえるまでの時間をはかると，4 秒だった。音の速さを 340m/s とすると，観測地点からいなずままでの距離は何 m か。ただし，光の速さは約 30 万 km/s と非常に速いため，いなずまは発生と同時に見えたとしてよい。

(2)　いなずまのように，たまった電気が空間をへだてて一瞬で流れる現象を何というか。

Ⅱ　**図 1** のように，クルックス管の電極 A と電極 B の間に高い電圧をかけると，十字型の金属板のかげができた。

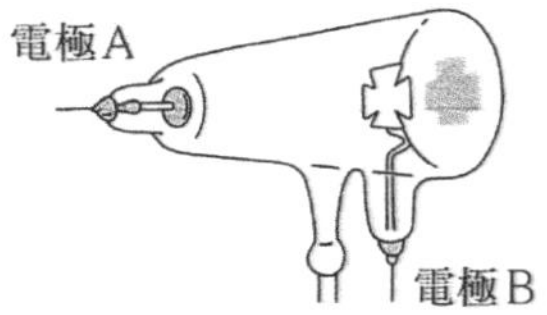

図 1

(3)　このことについて説明した次の文中の ［　①　］～［　③　］ に当てはまるものの組み合わせとして，適当なものを**ア～シ**から 1 つ選び，記号で答えよ。

十字型の金属板のかげができたことから，電極 A から電極 B に向かって何かが出ていることが分かる。この何かは ［　①　］ の電気を帯びた小さな粒子の流れであり，これを ［　②　］ という。電流の流れは ［　③　］ の向きである。

	①	②	③		①	②	③
ア	＋	中性子	電極 A → 電極 B	**キ**	－	中性子	電極 A → 電極 B
イ	＋	中性子	電極 B → 電極 A	**ク**	－	中性子	電極 B → 電極 A
ウ	＋	電子	電極 A → 電極 B	**ケ**	－	電子	電極 A → 電極 B
エ	＋	電子	電極 B → 電極 A	**コ**	－	電子	電極 B → 電極 A
オ	＋	陽子	電極 A → 電極 B	**サ**	－	陽子	電極 A → 電極 B
カ	＋	陽子	電極 B → 電極 A	**シ**	－	陽子	電極 B → 電極 A

(4)　電極 A から電極 B に向かって出ている流れを何というか。

(5)　次に，**図 2** のように，蛍光板入りクルックス管を使って電極 C と電極 D の間に 50000V の電圧を加えると，直線状の明るい線が見られ，1mA の電流が流れた。このとき，クルックス管内で消費した電力は何 W か。

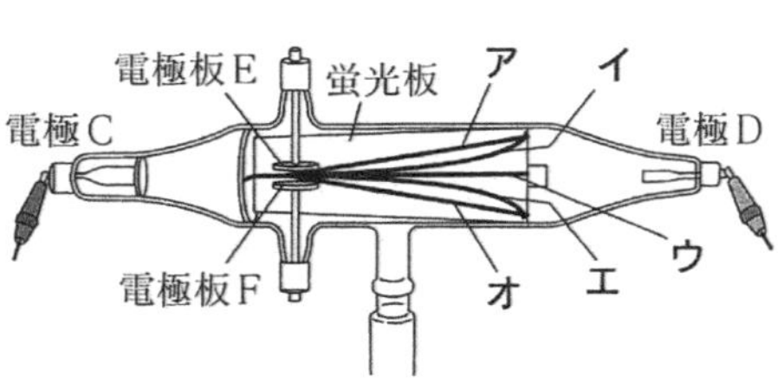

図 2

(6)　さらに，電極板 E が＋極，電極板 F が－極になるように電圧を加えると，直線状の明るい線はどのようになるか。適当なものを**図 2** の**ア～オ**から 1 つ選び，記号で答えなさい。

令和6年度

樟南高等学校入学者選抜学力検査問題

理　科 (50分)

※　答えはすべて別紙解答用紙に書きなさい。

※　解答用紙の下の「わく」の中に受検場と受検番号を書きなさい。

1 植物体のつくりとはたらきについて調べるためにSさんが行った観察と実験について，以下の各問いに答えなさい。

【観察】

種子をつくらない植物であるイヌワラビとゼニゴケを採取し，観察した。**図1**はそれぞれの植物についてスケッチし，特徴を示したものである。

【実験】

実験1：**図2**のように，水を入れた試験管に葉のついた植物体を1本さし，水面を少量の油でおおい，電子天びんにのせ，全体の重さをはかった。その後，2分ごとに10分間にわたる重さの変化を調べた。

実験2：次に，すべての葉の表にワセリンをぬり，実験1と同様に全体の重さの変化を調べた。

実験3：さらに，葉の裏にもワセリンをぬり，すべての葉の両面にワセリンがぬってある状態にして，実験1と同様に全体の重さの変化を調べた。

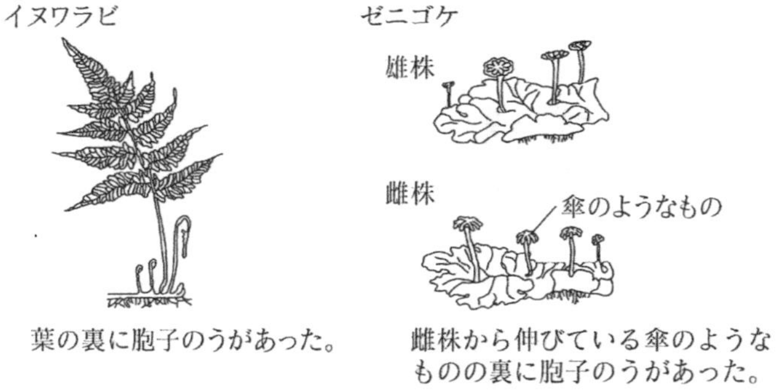

図1

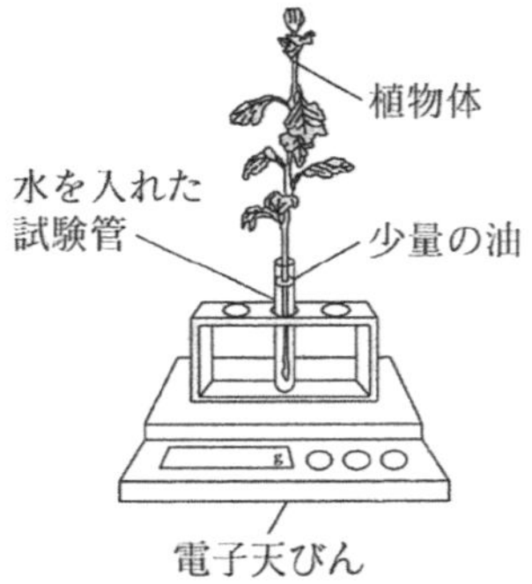

図2

図3は，実験1～実験3の結果をグラフにあらわしたものである。ただし，重さが変化したのは，植物体から水が出ていくはたらきによるものであり，少量の油でおおわれた水面とワセリンをぬったところからは，水が出ていかないものとする。

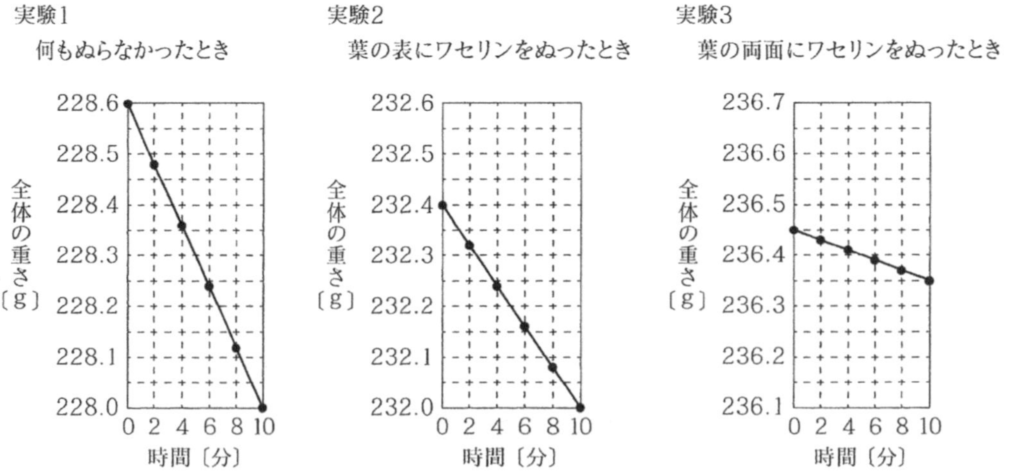

図3

(1)　Ｓさんと先生の観察時の会話文を読み，次の①と②にそれぞれ答えよ。

Ｓさん：イヌワラビもゼニゴケも胞子のうをもち，種子をつくらないタイプの植物なので，同じなかまだと思っていましたが，同じなかまではないですよね。
先　生：ええ，その通りです。先週の授業で習ったと思いますが，イヌワラビは，（　**ア**　）植物，ゼニゴケはコケ植物でしたね。ところで，これらの植物の違いを覚えていますか。
Ｓさん：ええと…，たしか，イヌワラビは，葉，茎，根があるけれど，ゼニゴケにはこの区別が見られない，だったかなぁ…。
先　生：そうですね。ゼニゴケには葉，茎，根の区別がなかったですよね。では，ゼニゴケにある，根のようなものは何というものだったか覚えていますか。
Ｓさん：えっ，…。う〜ん…，根ではなくて…。
先　生：体を地面に固定するはたらきをしています。
Ｓさん：あっ，わかりました。ゼニゴケにある根のように見えるものは，（　**イ**　）でした。
先　生：その通り。よく覚えていましたね。葉のように見えるものは，（　**ウ**　）でしたね。
Ｓさん：そういえば，授業で習った他のことも思い出しました。イヌワラビは根から吸収された水などの通り道である道管や，葉でつくられた栄養分が通る（　**エ**　）などが束になっている（　**オ**　）があるけれど，ゼニゴケにはなかったですよね。

①　文中の（　**ア**　）〜（　**オ**　）に当てはまる適当な語句をそれぞれ答えよ。

②　**図４**はコケ植物のなかまであるスギゴケを模式的に示している。会話文中の下線部はどの部分をさしているか，図中の**Ａ**〜**Ｄ**から１つ選び，記号で答えよ。

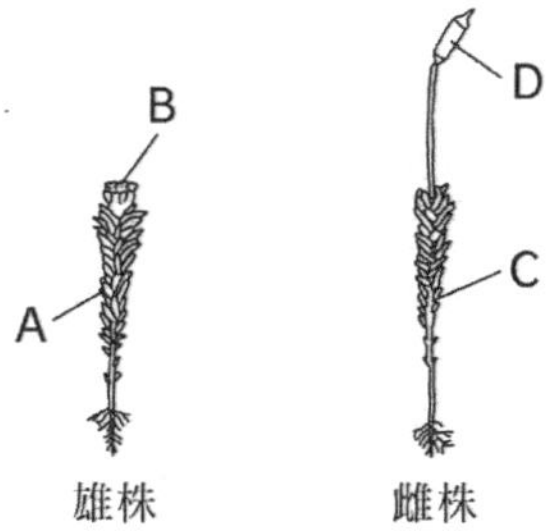

図４

(2)　次の文は，**図３**のグラフからわかることを説明したものである。文中の［　①　］〜［　③　］に当てはまるものとして適当なものを次の**ア**〜**オ**から１つずつ選び，記号で答えよ。

葉の表から水が出たことは，［　①　］からわかる。また，葉の裏から水が出たことは，［　②　］からわかる。さらに，葉以外から水が出たことは，［　③　］からわかる。

ア　実験１のグラフのみ
イ　実験２のグラフのみ
ウ　実験３のグラフのみ
エ　実験１と実験２のグラフを比較すること
オ　実験２と実験３のグラフを比較すること

(3)　葉の表から出た水の量と葉の裏から出た水の量は，10分あたりそれぞれ何ｇと考えられるか，それぞれ数値を答えよ。

2 刺激と反応について，以下の各問いに答えなさい。

(1) 動物の感覚器官では，受けとることができる刺激の種類が決まっている。ヒトの目(網膜)で受けとることができる刺激の種類を答えよ。

(2) 動物の感覚器官で受けとられた刺激は，感覚神経に信号として伝えられ，情報として認識される。このとき，信号は感覚神経からどこに伝えられ，情報として認識されるか。適当なものを次の**ア**～**エ**から１つ選び，記号で答えよ。

ア 筋肉　　**イ** 骨　　**ウ** 脳　　**エ** けん

(3) 刺激に対して意識とは無関係に決まった反応が起こることを何というか答えよ。

(4) (3)の反応にかかった時間をはかるための方法として，最も適切なものを次の**ア**～**エ**から１つ選び，記号で答えよ。

ア 目で反応を見ながらストップウォッチを用いてはかる。
イ 目で反応を見ながらオシロスコープを用いてはかる。
ウ スマートフォンのカメラ機能を用いて反応を撮影し，その動画を２倍の速さで再生しながらストップウォッチを用いてはかる。
エ タブレット端末のカメラ機能を用いて反応を撮影し，その動画を再生スピードを調整しながら細かく時間をはかることができるアプリを用いてはかる。

(5) **表**は意識して起こす反応にかかった時間と(3)のような無意識の反応にかかった時間をそれぞれ５回はかった結果を示している。次の①と②にそれぞれ答えよ。

表

	意識して起こす反応［秒］	無意識の反応［秒］
1回目	0.25	0.09
2回目	0.20	0.07
3回目	0.20	0.10
4回目	0.19	0.08
5回目	0.31	0.11
平　均	X	Y

① XとYを求め，数値をそれぞれ答えよ。

② **表**から考えられることをまとめた次の文の(　　)に当てはまる語句の組み合わせとして，正しいものを次の**ア**～**エ**から１つ選び，記号で答えよ。

XとYでは，(　Ⅰ　)の値が大きいことから，刺激が受けとられてから反応するまでに，感覚器官から運動器官に信号が伝えられるまでの時間が長いことがわかる。感覚神経や運動神経を通して信号が伝わる速さは，意識して起こす反応と無意識の反応では違いが(　Ⅱ　)はずなので，信号が伝えられた中枢神経の場所のちがいがXとYの差につながると考えられる。

	(Ⅰ)	(Ⅱ)
ア	X	みられる
イ	X	みられない
ウ	Y	みられる
エ	Y	みられない

3 右の**図**は，ある日鹿児島市から見た月をスケッチしたものである。以下の各問いに答えなさい。

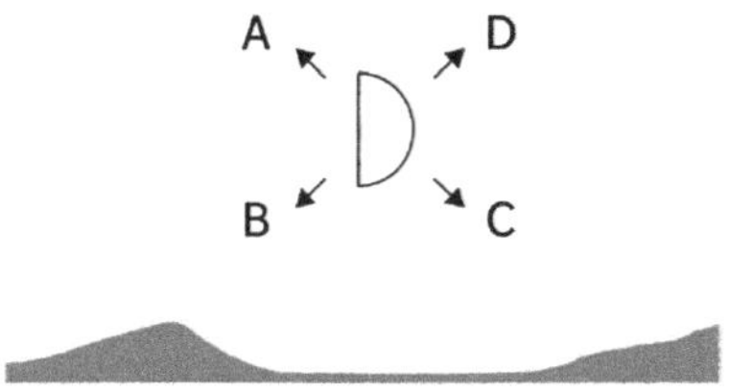

図

(1) この月が見えた方角はどちらか。次の**ア**～**オ**から１つ選び，記号で答えよ。

ア 東　　**イ** 南東　　**ウ** 南

エ 南西　　**オ** 西

(2) この月は，１時間後にどの方向に移動しているか。**図**の**A**～**D**から１つ選び，記号で答えよ。

(3) この月をスケッチした時刻は，次の**ア**～**エ**のどれか，記号で答えよ。

ア 18時　　**イ** 20時　　**ウ** 21時　　**エ** 24時

(4) この月が西に沈むのは何時間後か。

(5) この**図**の月と同じ位置に満月が見られるのは何日後か。次の**ア**～**エ**から適当なものを１つ選び，記号で答えよ。

ア 7日後　　**イ** 10日後　　**ウ** 14日後　　**エ** 28日後

4 右の**図1**は，**A**～**C**地点の地層の重なり方を示した柱状図である。**図2**は，**A**～**C**地点の地図上の位置を示したものであり，地図上の曲線は等高線を表している。これについて，以下の各問いに答えなさい。

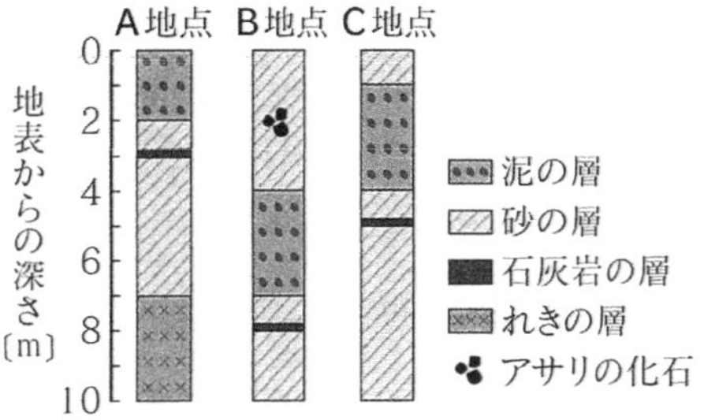

図1

(1) **A**地点の地層の重なり方から，この地層が堆積した場所の変化がわかる。その変化として適当なものを次の**ア**～**エ**から１つ選び，記号で答えよ。

ア 海岸から遠く離れて深くなった。　　**イ** 淡水から海水になった。
ウ 海岸に近くなって浅くなった。　　**エ** 海水から淡水になった。

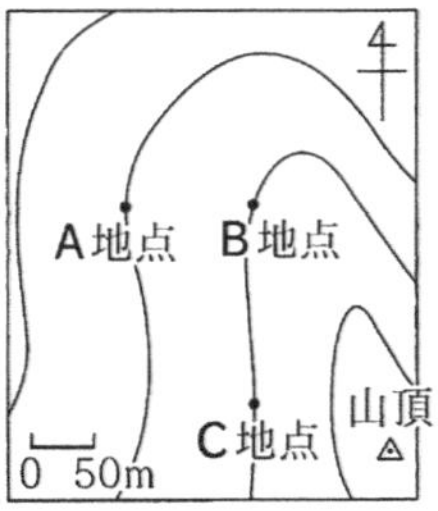

図2

(2) **B**地点の砂の層にふくまれているアサリの化石から，この地層が堆積した当時の環境を知ることができる。このような化石を何というか。

(3) **図1**の石灰岩の層からアンモナイトの化石が見つかった。石灰岩の層が堆積した地質年代を次の**ア**～**ウ**から１つ選び，記号で答えよ。

ア 古生代　　**イ** 中生代　　**ウ** 新生代

(4) この地域の地層は，東・西・南・北のある方角に向かって低くなるように，傾きをもって平行に積み重なっている。地層が傾いている方角はどちらか。

(5) **A**地点と**B**地点の標高は何m違っているか。適当なものを次の**ア**～**オ**から１つ選び，記号で答えよ。

ア 2m　　**イ** 4m　　**ウ** 5m　　**エ** 7m　　**オ** 8m

5 **図1**のような装置を用いて，銅とマグネシウムを酸化した。**図2**は，銅(0.8g)とマグネシウム(1.2g)の加熱回数と質量変化の関係を表している。以下の各問いに答えなさい。

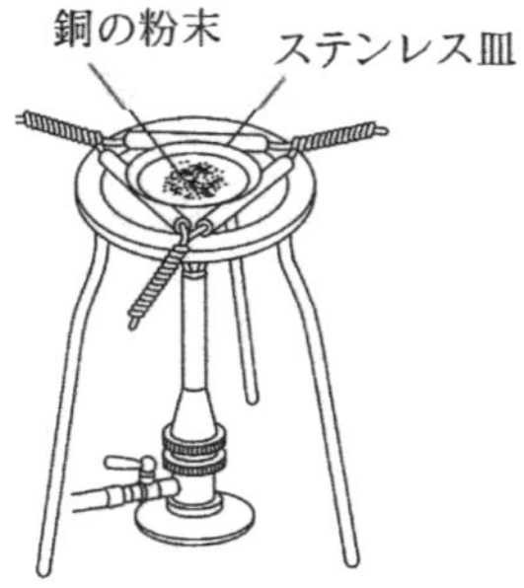

図1

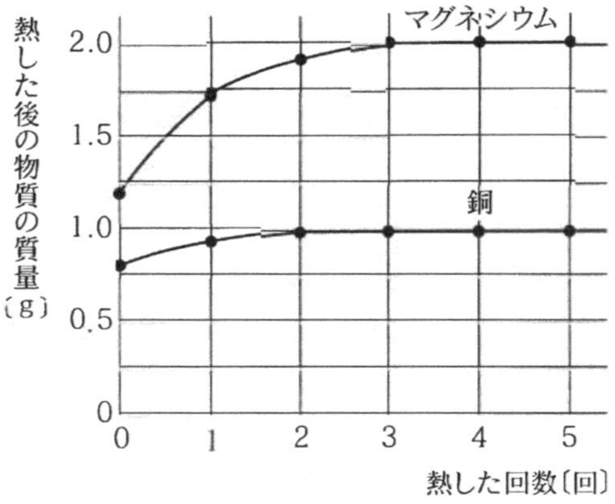

図2

(1)　3.2gの銅が酸素と反応したとき，生じた酸化銅は何gか。

(2)　マグネシウムと酸素から酸化マグネシウムを生じる化学反応式を示せ。

(3)　何gのマグネシウムが酸素と反応すると，3.8gの酸化マグネシウムを生じるか。小数第2位を四捨五入して，小数第1位まで答えよ。

(4)　**図2**より同じ質量の酸素と反応する銅とマグネシウムの質量を，最も簡単な整数比で答えよ。

(5)　黒色の酸化銅を炭素の粉末と混ぜ合わせて熱すると，二酸化炭素が発生して赤色の銅ができた。酸化銅と炭素が反応して銅と二酸化炭素を生じる化学反応式を示せ。

(6)　(5)の化学反応で酸化銅と50gの炭素を反応させると，32gの銅と11gの二酸化炭素を生じた。50gの炭素の何%が反応しているか。ただし，二酸化炭素はすべて(5)の化学反応で生じたものとする。

令和五年度

樟南高等学校入学者選抜学力検査問題

国　語

（五〇分）

一、答えはすべて別紙解答用紙に書きなさい。
二、受検場と受検番号を、解答用紙の右下「わく」の中に書きなさい。

教英出版

一　次の文章を読んで、あとの問いに答えなさい。

話しかけるタイミングの悪い人が増えた。彼らは呼吸が上手くつかめないのである。私は、これは①ネット社会のaエイキョウだろうと考えている。

電子メールは便利である。メールのおかげでビジネス関連の時間、特に伝達事項にかける時間が随分短縮された。こちらは、時間の余裕のあるときにメールを書けば良い。相手も、時間の余裕のあるときに読めばよい。自分の都合、相手の都合、双方に利益があるものである。

これを繰り返しているぶんには、相手の都合を考えなくてもいいのである。自分の都合のいい時に、「伝達」が済んでしまう。ということは、相手の様子を読むトレーニングを積まなくなる。相手の呼吸に合わせるという感覚がなくなっていくのである。

電話は、こちらか、相手か、どちらかが忙しくても伝達を簡略化させたくなるものだ。だが、それをぐっと堪えて相手を察する。相手の真意を汲《く》もうとする。それが相手の呼吸を摑《つか》むトレーニングになる。

だから電話がいいとはいわない。私も電子メールは便利だと思う。もう、これがなくてはビジネスは前に進まない。（　Ａ　）、単純に便利な社会になったとも思えないのである。タイミングという概念は「自分中心」の人には必要ない。アルバイトの面接などをしていると、「これほど自分中心の人が増えたのか」と※暗澹《あんたん》たる気持ちになることがある。

よく批判の的になる②「私って〇〇じゃないですかぁ」という若い人に多い物言いも、そうした「間の読めない」ことと共通しているのではないか。そこから延々と自分の興味を語られても、こちらは困るばかり、ということがわかっていないのだ。もちろん、そういうタイミングが読めない人を私はbサイヨウしない。

「間違い」「間に合う」「間抜け」「間が悪い」「間が良い」……。

日本語には間の大切さを教える言葉がたくさんある。

私は演出するとき、役者に「一間置いてください」あるいは「半間置いてください」と言うことがある。

次の台詞《せりふ》を観客にきちんと伝えたい場合は、その直前に一間置いて貰《もら》う。一間というのは、ゆっくり息をする時間である。役者がゆっくり息をすれば、その時間が間になり、観客は、次にどういう台詞が出てくるのだろうと気持ちを乗りだして聞きに来る。次を想像すると言い換えてもよい。

「半間置いて」というときは、一間置くと、くどすぎると思うときである。客にきちんと聞き取ってほしい台詞は、重要な台詞である。だから、あまり間を置き過ぎると、芝居がくどくなりすぎる。大切なものが多すぎると、受け手はうんざりするのである。

大切な台詞だけをきちんと立てて他はすっと流す、その※勘所《かんどころ》が台詞術のツボでもある。もちろん、そのツボは役者によって勘所が異なり、他の役者に教えられるようなものではない。

故・古今亭志ん朝さんが父親の志ん生さんの芸について、こう語っていたことがある。志ん朝さんも名人だが、志ん生さんは昭和の大名

人と言われた落語家。・・・・・ Ｉ

「おやじが小声でボソボソとしゃべるんです。客は、何を言っているんだろうと身を乗り出す。そのタイミングで、くすぐりをパッと入れる。すると客はどうっと受けるんです」

つまるところ、間のよさで客の笑いをとるのである。喋《しゃべ》りの上手さは、間の上手さと言い換えてもよい。

私の実感でいえば、舞台上で役者がしゃべっている間は、観客の意識は舞台から押されている感じになる。逆に、役者が間をとっている時間は、観客は舞台から引き寄せられる感じになる。（　Ｂ　）、役者と観客は舞台と客席の間で、押し引きの綱引きを繰り返すことになる。・・・・・ Ⅱ

これが、③舞台と客席の間の「交流」である。心地よい交流を観客にさせてくれる役者が、名優ということになろう。名優と一言でいっても、自在に心地よい台詞を発することができる役者など何万人に一人もいない。・・・・・ Ⅲ

話芸の名人として有名な徳川夢声は、そのキャリアを※無声映画の※弁士からスタートしている。彼は他の弁士がいかに喋ろうかと努力しているときに、いかに黙るかを工夫したらしい。

弁士が黙るということは、間を置くということである。間が長すぎると客は焦《じ》れる。「タルい」という状態になる。逆に間が短か過ぎると、話が慌ただしくなってしまう。「バタバタした感じ」に聞こえてしまうのである。・・・・・ Ⅳ

言い換えれば、間は、観客が話しに積極的に参加する時間である。話し手が触媒となって自分の想像力をふくらます時間でもある。

（中略）

長い沈黙に耐え、相手が話し出すのをじっと待っている姿勢という点で、私はある※フリースクールのＮ先生を思い出す。

フリースクールに通う生徒は、一般の学校にcキョヒ反応を示した人ばかりである。なかなか本心を打ち明けてくれない場合が多い。Ｎ先生は、実に根気よく、相手が自分から話し出すタイミングを待っていたものだ。時間に追われている現代人には耐えられないほど長い時間である。それをじっと待つ。Ｎ先生の待っている姿勢には頭が下がる。

フリースクールの生徒は、Ｎ先生ほど、自分のために時間を使ってくれた先生とそれまで出会ったことがないはずだ。で、私はこう思った。自分のためにdボウダイな時間を費やしてくれたＮ先生に、生徒たちは打ち解けていくのである、と。

沈黙している間、何らかの「情報」が伝わることはない。何も情報を伝えない時間が、「通じ合えるきっかけ」を作るのである。

より多くの情報を、より早く伝えることが現代社会では求められる。伝達の手段として考えるならば、沈黙は最も効率の悪い方法である。だが、その逆を行くＮ先生に、生徒は心を開く。

何も情報を伝えない、最も効率の悪い方法の中に、実は強い伝達力を持った要素が潜んでいるのだ。

ミヒャエル・エンデの小説『モモ』の主人公が町中の人気者になっ

た理由は、彼女が「聞き上手」だったからだ。もしも「自分は一生懸命喋っているのに、どうも受けが悪い」と思っている方は、間が悪いのかもしれない。矢継ぎ早にしゃべりたい気持ちをぐっと押さえて一息つく。そんなふうにしてみてはいかがだろうか。

（竹内一郎『人は見た目が9割』新潮新書刊による）

※ 暗澹たる＝将来の見通しが立たず、全く希望がもてないさま。
※ 勘所＝はずすことのできない大事なところ。肝心なところ。
※ 無声映画＝音声・音響、特に俳優の語るセリフが入っていない映画。
※ 弁士＝無声映画を上映中に、傍らでその内容を解説する専任の解説者。
※ フリースクール＝不登校の子供に対し、学習活動、教育相談、体験活動などの活動を行っている民間の施設。

問一 ——部a〜dのカタカナを漢字に改めよ。

問二 （Ａ）（Ｂ）に入る最も適当なものをア〜オから選び、記号で答えよ。

ア また　**イ** しかし　**ウ** すると
エ つまり　**オ** したがって

問三 次の文は、——部①「ネット社会」の本文に述べられているメリットとデメリットについて説明したものである。［Ⅰ］には適当な五字、［Ⅱ］には適当な八字の語句を本文中から抜き出して書け。

「ネット社会」では、電子メールなど伝達事項における［Ⅰ］が自分と相手の双方にとって利益となるものだが、相手の都合を考えないという点においては、［Ⅱ］機会が減ると同時に感覚も鈍くなっていく側面を持っているといえる。

問四 ——部②が、なぜ「批判の的」となるのか。理由として最も適当なものをア〜オから選び、記号で答えよ。

ア 相手に対して、馴れ馴れしい話しぶりであるから。
イ 相手が求めているものに、答えようとしないから。
ウ 相手がだれかは、関係のない話の内容になるから。
エ 自分の良さを、売り込むことだけ考えているから。
オ 効率的に、自分の良さを伝えようとしているから。

問五 ――部③「舞台と客席の間の『交流』」とあるが、どのような「交流」か。最も適当なものをア～オから選び、記号で答えよ。

ア 落語家や役者がしゃべらず間を取ることで、観客が次の台詞や言葉を想像して待っていること。

イ 落語家や役者がしゃべらず間を取ることで、観客が舞台の隅々を見渡して次の動きを待つこと。

ウ 落語家や役者がしゃべらず間を取ることで、観客がまわりの観客などと話す時間を作ること。

エ 落語家や役者が話している時に、観客がその動きに合わせてかけ声などを入れようとすること。

オ 落語家や役者が話している時に、観客が舞台から目を離し声や音だけに集中しようとすること。

問六 この文章には次の文が抜けている。補うのに最も適当な箇所を、[Ⅰ]～[Ⅳ]から選び、記号で答えよ。

《抜けている文》

台詞術の基本もあるにはあるが、やはりプロの場合は、持って生まれた才能の世界というほかない。

問七 本文における「間《ま》」と一致する最も適当なものを、ア～エから選び、記号で答えよ。

ア 最近の日本人の家の「間」取りは昔からすると変わった。

イ 剣道の試合では相手との「間」合いを大切にしている。

ウ 吹奏楽では次に出す音までの「間」が皆に期待させる。

エ 友人とは、どうしても「間」の取り方が近くなる。

二

次の文章を読んで、あとの問いに答えなさい。

お詫び

著作権上の都合により、文章は掲載しておりません。
ご不便をおかけし、誠に申し訳ございません。

教英出版

お詫び

著作権上の都合により、文章は掲載しておりません。
ご不便をおかけし、誠に申し訳ございません。

教英出版

お詫び

著作権上の都合により、文章は掲載しておりません。
ご不便をおかけし、誠に申し訳ございません。

教英出版

お詫び

著作権上の都合により、文章は掲載しておりません。
ご不便をおかけし、誠に申し訳ございません。

教英出版

お詫び

著作権上の都合により、文章は掲載しておりません。
ご不便をおかけし、誠に申し訳ございません。

教英出版

（星新一『おーい　でてこーい』による）

問一　――部a～dの漢字の読みを答えよ。

問二　[A]～[D]に入る最も適当なものをア～カから選び、記号で答えよ。（同じ記号は一度しか使えないものとする）

ア　やはり　**イ**　つづいて　**ウ**　ところが
エ　さっそく　**オ**　かわりに　**カ**　そして

問三　――部①「わからないことは、なくしてしまう」について

(1)　この場面では、具体的にどうすることか。十字以内で答えよ。

(2)　このような行為の表現として、最も適当なものをア～エから選び、記号で答えよ。

ア　能ある鷹《たか》は爪を隠す
イ　触らぬ神に祟《たた》りなし
ウ　臭いものにふたをする
エ　頭隠して尻隠さず

問四　――部②「ちょっと心配した」とあるが、村人たちは何を心配したのか。最も適当なものをア～エから選び、記号で答えよ。

ア　自分たちの穴を他人に取られてしまうこと。
イ　穴に原子炉のカスを捨てることの安全性。
ウ　原子力発電会社から利益をもらえるのかどうか。
エ　原子炉のカスの最終的な処分方法について。

問五　――部③「監督についてきた　～　話をしていた。」という部分から分かることは何か。最も適当なものをア～エから選び、記号で答えよ。

ア　役人や作業員に趣味が多いこと。
イ　役人や作業員の仕事に対する緊張感。
ウ　役人や作業員の忙しい毎日。
エ　役人や作業員の仕事に対する緊張感のなさ。

問六　――部④「小さな石ころが彼をかすめて落ちていった。」とあるが、この石は誰が投げたものだと思われるか。本文中の語で答えよ。

問七　この小説について感想を述べているAさん、Bさんの会話文中の【　　】に当てはまる四字熟語を答えよ。

Aさん　「大きな穴に捨てたいものをどんどん捨ててしまう話だったけど。」
Bさん　「こんな穴があったら便利だね。」
Aさん　「でも都合が良すぎるよね。」
Bさん　「人間の都合の良さを指摘しているのかな。」
Aさん　「本文に『あとしまつに頭を使うのは、だれもがいやがっていた』という表現があったよね。人間がいろいろな問題を先送りにしているということも指摘している気がするな。」
Bさん　「最後の場面は何を意味しているのだろう。」
Aさん　「自分たちの捨てたものは、いつか自分たちに返ってくるってことかな。」
Bさん　「こわい話だね。」
Aさん　「『自分の行為の報いを自分自身が受けること』という意味の四字熟語があったよね。」
Bさん　「ああ【　　　　】ね。解決するべき問題を先送りにして、今だけ良ければいいという考え方はよくないよね。」
Aさん　「私たちも気をつけていこうね。」

三

次の文章を読んで、あとの問いに答えなさい。

近ごろ、最勝光院に、梅さかりなる春、故づきたる（特別な事情のある）女房※一人、釣殿※のわたりにたたずみて、花を見るほどに（見ていたが）、男法師など（男法師たちが）、打ち群れて入り来たりければ（入ってきたので）、こちなしとや思ひけん（風流心がないと思ったのだろうか）、①帰り出でけるが、着たるうすぎぬの、ことのほかに、黄ばみすすけたるを②笑ひて、

　花を見捨てて帰る③さるまろ（さるのこと）

と④連歌をしかけたりければ（連歌をしかけたので）、とりあへず、

　⑤里守る犬のほゆる（吠える）に驚きて

と付けたりけり。人人⑥恥ぢて逃げにけり。この女房は、俊成卿《しゅんぜいきょう》の娘と⑦ていみじき歌よみ（歌人）なりけるが、⑧深く姿をやつし（みすぼらしくする）たりけるとぞ。

（「十訓抄」による）

※　女房＝宮中や高貴な人に仕える女性。
※　釣殿のわたり＝寝殿造りの池に面した建物の近く
※　俊成卿＝藤原俊成。有名な歌人。

問一　――部①「帰り出でけるが」の主語を答えよ。

問二　――部②「笑ひて」――部⑥「恥ぢて」をすべてひらがなで、現代仮名遣いに直して答えよ。

問三　――部③「さるまろ」――部⑤「里守る犬」とあるが、それぞれ誰を指しているか。その組み合わせとして最も適当なものをア～エから選び、記号で答えよ。

ア	③　男法師	⑤　俊成卿
イ	③　女房	⑤　俊成卿
ウ	③　男法師	⑤　女房
エ	③　女房	⑤　男法師

問四　――部④「連歌」について説明した次の文について、［1］と［2］に適当な語（漢字）をそれぞれ答えよ。

和歌は普通は一人で詠むものである。本文における連歌とは一つの和歌（五七五七七）を五七五（上の句）と七七（下の句）の二つに分けて、二人で一首を歌としてふさわしいものに完成させるものである。本文では最初に和歌の中の［1］の句を作って呼びかけ、相手はそれに合う［2］の句を作って返している。

問五　――部⑥「恥ぢて」とあるが、何を恥ずかしく思ったのか。最も適当なものをア～エから選び、記号で答えよ。

ア　女房が、男法師たちが法師なのに最勝光院という由緒ある場所で連歌を読むという風流でないふるまいをしたことを恥ずかしく思っている。

イ　男法師が、女房を馬鹿にして連歌を詠みかけたところ、予想外な返歌がきて何も言えなくなってしまったことを恥ずかしく思っている。

ウ　女房が、男法師の連歌の呼びかけが突然で、一応返歌はできたものの満足な内容ではなかったため、歌人としての未熟さを恥ずかしく思っている。

エ　男法師が、女房に対して失礼な連歌を詠みかけたところ、その返歌の内容が俊成卿の娘としてふさわしい上品なものであることを理解して反省し、恥ずかしく思っている。

問六　――部⑦「いみじき」の本文中での意味として最も適当なものをア～エから選び、記号で答えよ。

ア　つまらない　　イ　すばらしい

ウ　恐れ多い　　エ　若々しい

問七　――部⑧「深く姿をやつしたりける」とあるが、その具体的な内容を述べている部分を二十四字で抜き出し、最初の三字を答えよ。

四

次の文章を読んで、あとの問いに答えなさい。

光陰矢のごとし——猛スピードで人生は流れる

「光」は「日」、「陰①」は「月」を表す。矢が飛んでいくように②月日は過ぎていく、という意味だ。

たしかに年齢を重ねていくごとに、月日の経つのがどんどん速くなっていくように感じられる。それは、誰もが例外なく口を揃《そろ》えて言う実感だ。若いころは、なんであんなに時間がゆったりと流れていたんだろうかと思う。

しかし、月日の経つのが速くなっても、ある時から年をとる面白《おもしろ》さを急に感じるようになる。年齢を重ねて初めてわかることが、人生にはたくさんあるのだと気づくからだ。

人生を前へ、前へと歩んでいくにつれて、誕生日の迎え方が変わっていく。「年をとること」に対する感情が変化していくのだ。喜び、希望、憂鬱《ゆううつ》、恐怖、再認識、感謝というふうに。

そこで、それぞれの年代における誕生日の受け止め方を、つぎのように表してみた。ただし、違いをわかりやすくするために女性バージョンで。

誕生日がうれしい十歳
誕生日に決心③する二十歳
誕生日がブルーな三十歳
誕生日を忘れたい四十歳
誕生日に奮い立つ五十歳
誕生日に感無量の六十歳

いま私は五十八歳だから、近い将来の六十歳も感覚的に想像できる。では、七十歳のときにどんな思いで誕生日を迎えるのだろうか。それはまだわからない④。

ともかく「光陰矢のごとし」ということわざを、過ぎ去っていく時間を惜しんだり、虚《むな》しさを感じたりするために使うのではもったいない、ということだ。

（吉村達也『続・脳に効くことわざ』による）

問一 ——部①「陰」の漢字の部首名を答えよ。

問二 ——部②とあるが、この表現技法を何というか。最も適当なものをア〜エから選び、記号で答えよ。

ア 擬人法　**イ** 倒置法　**ウ** 直喩　**エ** 隠喩

問三 ——部③「決心」と同じ漢字の組み立てのものを、ア〜エから一つ選び、記号で答えよ。

ア 美人　**イ** 登山　**ウ** 不足　**エ** 人徳

問四 ――部④「ない」と文法的に同じものをア～エから一つ選び、記号で答えよ。

ア 人の一生ははかない。
イ やりばのない怒り。
ウ その話はおもしろくない。
エ もう一歩も歩けない。

問五 次の会話文は、ある中学校での、この文章を読んだ先生と生徒の会話である。あとの問いに答えよ。

先生「あなたは、先日、生徒会新聞の取材のために、街頭インタビューに行きましたね。」

生徒「生徒会のメンバーと行きました。町で偶然、六十歳を迎えた方と出会い、その時の思いを尋ねたら、その方も『感無量です。』と、同じようにお答えになりました。」

先生「『光陰矢のごとし』を実感しながら、[Ⅰ]を重ねていくことによって、初めてわかることがあることに気づくと筆者も述べていますね。
　ところで、ことわざには様々なものがあって、動物に例えたおもしろいものもありますよ。何か知っていますか。」

生徒「知っています。『[Ⅱ]も歩けば棒に当たる』。『[Ⅲ]の威を借る狐《きつね》』。たしか、『[Ⅳ]の耳に念仏』もあります。」

先生「ことわざは、インパクトが強く、使う人の現在置かれた立場によってその解釈もさまざまです。だからこそいつまでも心に残るのでしょうね。」

(1) ――部A「迎えた」を尊敬語に、――部B「尋ねたら」を謙譲《けんじょう》語に、それぞれ直して書け。

(2) [Ⅰ]に入る適当な語を、本文中から抜き出して答えよ。

(3) [Ⅱ]～[Ⅳ]に、適当な語を漢字一字で入れて、それぞれのことわざを完成させよ。

令和５年度

樟南高等学校入学者選抜学力検査問題

数　学 (50分)

※　答えはすべて別紙解答用紙に書きなさい。

※　解答用紙の下の「わく」の中に受検場と受検番号を書きなさい。

1 次の計算をしなさい。

(1)　$17-9+5$

(2)　$3-42\div 6$

(3)　$\frac{3}{8}\div\frac{1}{4}-\frac{5}{6}$

(4)　$4.7\times 3-2.5$

(5)　$\frac{2x-5y}{3}-\frac{x-7y}{4}$

(6)　$2x(x+3)-(x-1)(x+4)$

(7)　$6ab\times(-2ab)^2\div 3a^2b$

(8)　$\sqrt{8}+\frac{10}{\sqrt{2}}-\sqrt{3}\times\sqrt{6}$

2 次の問いに答えなさい。

(1)　1 次方程式 $3(2x-5)=8x-3$ を解け。

(2)　$2x^2-8xy+8y^2$ を因数分解せよ。

(3)　連立方程式 $\begin{cases} x-2y=5 \\ 3x-y=10 \end{cases}$ を解け。

(4)　2 次方程式 $x^2-4x-12=0$ を解け。

(5)　ある商品を 2 個まとめて購入すると，1 個目は定価で，2 個目は定価の 7% 引きで購入できる。2 個まとめて購入すると，定価で 2 個購入するより 91 円安くなるという。この商品の定価を求めよ。

(6)　n を自然数とする。$500-20n$ がある自然数の 2 乗となるような n の値をすべて求めよ。

(7)　y は x に反比例し，$x=-5$ のとき $y=3$ である。$x=-9$ のときの y の値を求めよ。

(8)　右の図のように，円 O の円周上に頂点がある 2 つの三角形 △ABC と △ADE がある。また，DE は円 O の直径で，BC∥DE である。∠CDE＝22° のとき，∠x の大きさを求めよ。

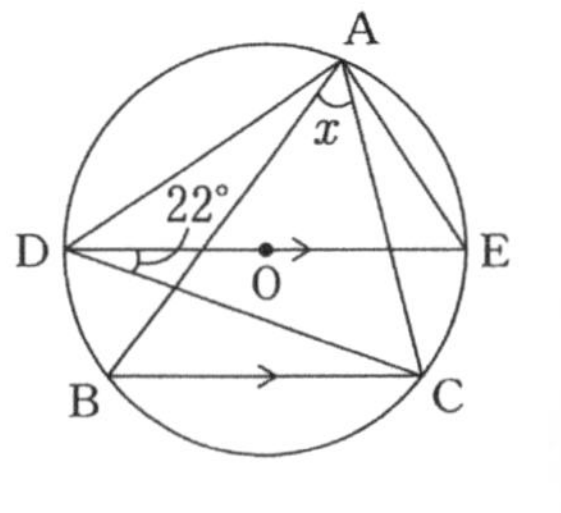

(9)　下の**表**は，あるサッカーチームが 10 回試合を行い，各試合ごとのシュートの本数を少ない方から順にまとめたものである。

表

5	5	8	10	10	11	11	11	13	16

（単位は本）

このデータの平均値，中央値（メジアン），最頻値（モード）の大小関係を正しく表しているものを，下の**ア**～**エ**の中から 1 つ選べ。

ア　（最頻値）＜（中央値）＜（平均値）　　**イ**　（平均値）＜（中央値）＜（最頻値）

ウ　（中央値）＜（平均値）＜（最頻値）　　**エ**　（最頻値）＜（平均値）＜（中央値）

3 右の図のように，関数 $y=ax^2$ のグラフ上に点 A$(-4,\ 4)$，点 B$(10,\ 25)$ および点 C がある。ただし，点 C の x 座標は 0 より大きく 10 より小さいものとする。点 D は直線 OB と直線 AC との交点で，点 E は直線 AB と y 軸との交点である。このとき，次の問いに答えなさい。

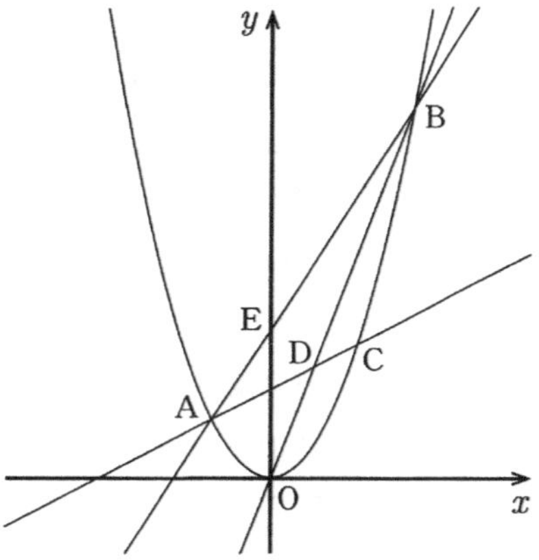

(1)　a の値を求めよ。

(2)　直線 AB の式を求めよ。

(3)　△EOB を y 軸のまわりに 1 回転してできる立体の体積を求めよ。ただし，円周率を π とする。

(4)　△AOD と △BDC の面積が等しくなるとき，△BAD と △BDC の面積の比を最も簡単な整数の比で表せ。

4 右の図のように，AB＝4cm，BC＝5cm，∠BAC＝90° の △ABC と，△ABC と合同な △ADE がある。△ADE は，△ABC に重ね合わせた状態から，点 A を中心として反時計回りに，AE∥BC となるまで回転移動したものである。また，辺 BC と辺 AD，辺 BC と辺 DE との交点をそれぞれ F，G とし，辺 AC と辺 DE との交点を H とする。
このとき，次の問いに答えなさい。

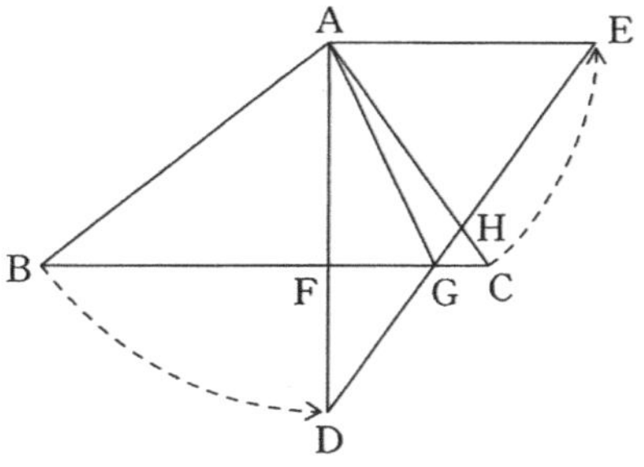

(1)　辺 AC の長さを求めよ。

(2)　線分 DG の長さを求めよ。

(3)　線分 AH と線分 HC の長さの比を最も簡単な整数の比で表せ。

(4)　△AGH の面積を求めよ。

5 右の図のように，立方体ABCD－EFGHがある。点Pはこの立方体の辺上を次の**規則** ①～③ に従って移動する。

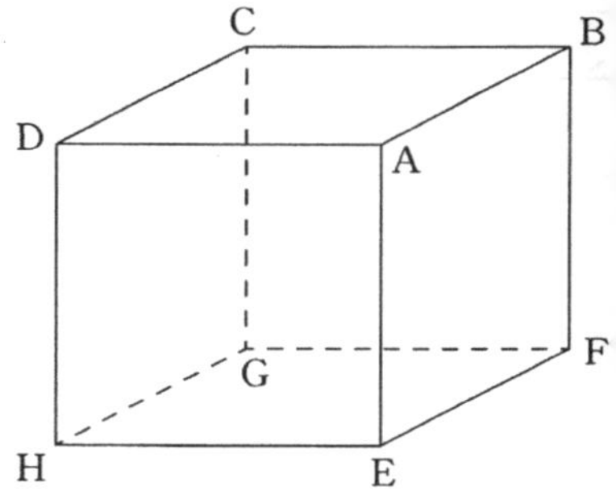

規則	① 最初，点Pは頂点Aにある。 ② 1秒後，点Pは隣りあう3つの頂点のいずれかに移動する。このとき，どの頂点へ移動するかは同様に確からしいものとする。 ③ 点Pは1秒ごとに ② を繰り返して移動する。

規則に従うと，点Pが頂点Aから移動し始めて1秒後には，頂点B，D，Eのいずれかに移動する。

例えば，点Pが頂点Aから移動し始めて1秒後に頂点Bに移動した場合，次の1秒後(点Pが頂点Aから移動し始めて2秒後)には，頂点A，C，Fのいずれかに移動する。

このとき，次の問いに答えなさい。

(1) 点Pが頂点Aから移動し始めて2秒後に頂点Aにある確率を求めよ。

(2) 点Pが頂点Aから移動し始めて3秒後までに移動する頂点について，1秒後にある頂点，2秒後にある頂点，3秒後にある頂点の3つの点を互いに直線で結んで図形を作る。この図形が三角形となる確率を求めよ。

(3) 点Pが頂点Aから移動し始めて4秒後までに移動する頂点について，1秒後にある頂点，2秒後にある頂点，3秒後にある頂点，4秒後にある頂点の4つの点を互いに直線で結んで図形を作る。この図形が三角すいとなる確率を求めよ。

令和5年度

樟南高等学校入学者選抜学力検査問題

英　語　（50分）

※　答えはすべて別紙解答用紙に書きなさい。

※　解答用紙の下の「わく」の中に受検場と受検番号を書きなさい。

1 次の各文の(　　　)に入る最も適切な語(句)を下のア～エから1つ選び，記号で答えなさい。

1 My father (　　　) in Hokkaido now.

ア are　　イ am　　ウ was　　エ is

2 (　　　) old is she? — She is fifteen years old.

ア What　　イ How　　ウ Who　　エ Which

3 Sakurajima (　　　) from your classroom.

ア see　　イ seen　　ウ is seen　　エ is seeing

4 She plays the piano (　　　) than any other student in her class.

ア good　　イ well　　ウ better　　エ best

5 Mr. Yamasaki (　　　) us to bring our lunches tomorrow.

ア told　　イ said　　ウ spoke　　エ talked

2 次の各日本文の意味を表すように(　　　)内の語(句)を正しく並べたとき，(　　　)内で3番目と5番目にくる語(句)を記号で答えなさい。ただし，文頭にくる語(句)も小文字で示してある。

1 私は毎朝バスで学校に行きます。

I (ア to　イ every morning　ウ bus　エ go　オ school　カ by).

2 私は本を読んでいるその女性を知っています。

(ア the lady　イ know　ウ I　エ who　オ reading　カ is) a book.

3 私は犬の世話をするために家にいました。

I (ア home　イ take　ウ stayed　エ care　オ to　カ of) my dog.

4 食べすぎは健康によくありません。

(ア eating　イ much　ウ for　エ isn't　オ good　カ too) your health.

5 私の兄が撮った写真が壁に掛かっています。

(ア my brother　イ taken　ウ the picture　エ on　オ by　カ is) the wall.

3 次の各組の英文がほぼ同じ意味になるように，(　　　　)に入る適切な語を答えなさい。

1 I must study hard to enter this high school.
I (　　　　) (　　　　) study hard to enter this high school.

2 He is too young to drive a car.
He is (　　　　) young (　　　　) he can't drive a car.

3 A week has seven days.
(　　　　) (　　　　) seven days in a week.

4 Do you know his birthday?
Do you know (　　　　) he was (　　　　)?

5 My brother understood nothing about it.
My brother (　　　　) understand (　　　　) about it.

4 次の２つの英文【A】・【B】を読んで，各問いに記号で答えなさい。

【A】

Takumi likes to read. He reads books about cats. They can climb tall trees. He reads books about dogs. They *wag their tails when they are happy. He reads books about fish. They swim in the sea. Takumi reads a lot of books.

（注） wag ～を振る

問 1 What does Takumi like to do?

ア To fish　　イ To read　　ウ To play

問 2 What does Takumi read about?

ア Animals　　イ Toys　　ウ School

問 3 What is a good title (name) for this story?

ア Good Homes for Pets　　イ Cat-and-Mouse Games　　ウ Books Takumi Reads

【B】

Have you ever seen a rabbit? Rabbits come in many colors. Their *fur can be brown, black, white, or gray. Rabbits have long ears to help them hear sounds from far away. Rabbits can be wild animals or pets. Wild rabbits live in holes in the ground. Pet rabbits live in homes with people.

（注） fur （ウサギなどの）毛

問 1 What do a rabbit's long ears help it to do?

ア To hear sounds from far away

イ To make holes in the ground

ウ To see things that are far away

問 2 Where are two places rabbits can live?

ア On land and in the sea

イ In people's homes and on treetops

ウ In holes in the ground and in homes with people

問 3 What is a good title (name) for this story?

ア Colors　　イ Rabbits　　ウ Wild Animals

5 次のリカ(Rika)と警察官(Police officer)との電話で始まる対話文を読んで，文中の [1] ～ [5] に入る最も適切なものを下のア～キから１つずつ選び，記号で答えなさい。

Rika is in bed. Her husband is on a business trip. She is alone in the house.

Police officer : Police.

Rika : (*Whispering) Hello, I live at 2900 Shonan Street....

Police officer : [1]

Rika : I can't talk very loudly. Someone's in my house and walking around the kitchen.

Police officer : [2]

Rika : At 2900 Shonan Street.

Police officer : Someone will be right there. Don't *hang up.

Rika : Oh, no! [3]

Police officer : Ms?

Ken : Rika?

Rika : Oh, Ken. It's you!

Police officer : Ms?

Rika : (Talking into phone) Oh, I'm so sorry. It was my husband. I mean, I'm glad it was my husband. I'm sorry for the *inconvenience.

Police office : [4] Ms. Good night.

Ken : I'm sorry if I *scared you.

Rika : You really scared me. You said you were coming home tomorrow.

Ken : Well, I finished my work a day early.

Rika : [5]

Ken : I wanted to surprise you.

(注) whisper　小声で話す　　hang up　電話を切る
　　inconvenience　迷惑　　scare　～をこわがらせる

ア　No problem,
イ　Where did you say you lived?
ウ　Why didn't you call?
エ　Could you speak out, please?
オ　You're welcome.
カ　Someone is coming in front of my room.
キ　What did you do?

6 次の英文を読んで，各問いに答えなさい。

Katie and Alice were twins. They looked very similar. They were almost like seeing one person looking in a mirror. They even spoke in the same way as each other. They were best friends.

But the twins' characters were different. Alice *preferred sports, and was a star athlete in soccer. Katie preferred foreign languages and was *bilingual in English and French. Katie decided to attend a summer camp in France. Alice wasn't interested (1) the French language, so she didn't go. But (2) she was angry that Katie wanted to spend the summer away from her.

Two months later, Katie returned. Alice went to the airport to meet her sister. But when Alice saw Katie, she was surprised. Katie now spoke French, and she looked quite (3)! She was wearing wonderful clothes, and she looked taller. Alice felt very *messy next to her. She was just wearing an old T-shirt, and her hair looked *untidy. [A]

When Alice asked Katie about France, Katie didn't say much. In the past, they would always told each other everything. Now there was a big *gulf between them. [B]

One month later, it was the twins' birthday. All their lives, they had (4) a rule. Before their birthday, they talked all night long. That night, Alice came into Katie's bedroom.

"I'm sorry I haven't spoken to you much *lately," Katie said.

"I understand. You have new friends now," said Alice angrily.

Katie said, "My French friends don't write me much now. At first, I thought they were more exciting than my friends in my hometown. But I was wrong. You're my sister, and you'll always be my best friend." [C]

Alice said, "I'm sorry, too. I wanted our *relationship to stay the same forever. But (5) (ア for イ have ウ to エ *natural オ it's カ twins) different interests. We can still be (6) without being together all the time."

(*4000 ESSENTIAL ENGLISH WORDS 1,* Compass Publishing から一部改変)

(注) prefer ～を好む　bilingual 2つの言語を使える　messy 小汚い
untidy ボサボサの　gulf 大きな隔たり　lately 最近　relationship 関係
natural あたりまえの

問 1　本文中の双子(twins)について，本文の内容と**一致しないもの**を下のア～ウから 1 つ選び，記号で答えよ。

ア　They spoke the same way.

イ　They were each other's best friends.

ウ　They had the same interests.

問 2　(　　1　　)に入る英語 1 語を答えよ。

問 3　下線部(2)の理由として，最も適切なものを下のア～エから 1 つ選び，記号で答えよ。

ア　Because Katie did not like sports.

イ　Because Katie did not invite her to France.

ウ　Because Katie went away for the summer.

エ　Because Katie started speaking French.

問 4　(　　3　　)に入る最も適切な 1 語を本文中から抜き出して答えよ。

問 5　英文 Over the weeks, the sisters didn't speak at all. という文を入れるのに最も適切な箇所を [　A　] ～ [　C　] の中から 1 つ選び，記号で答えよ。

問 6　下線部(4)の具体的な内容を 20 字程度の日本語で答えよ。ただし，句読点も文字数に数える。

問 7　下線部(5)について，(　　　　　)内の語を正しく並べたとき，(　　　　　)内で 3 番目と 5 番目にくる語を記号で答えよ。

問 8　(　　6　　)に入る最も適切な 2 語を本文中から抜き出して答えよ。

7 次の英文は，香港出身の歌手・エッセイストであるアグネス・チャン(Agnes Chan)が贈り物の習慣について述べているものです。これを読んで，各問いに答えなさい。

Japan is a country where gift giving is everyday *custom. When we visit someone, we need to bring an *omiyage*, a small gift, to show our thanks for being invited or to show (1) happy we are to see them. When we go abroad, it is natural to bring a small gift back for everyone at work or at home to share the experience.

In the summer many people send *ochugen*, a *midyear present, and at the end of the year we send *oseibo*, a year-end present to our grandparents, parents and friends. Japan also *celebrates Valentine's Day, when women give men chocolates and then on the White Day, men give women a small gift in return. Mother's Day is a big day for giving flowers to mothers and on Father's Day, fathers often get a small gift.

When you move into a neighborhood, it is natural to give your neighbors a small gift to say "Hello." For *wedding ceremonies, Japanese give gifts or money to *congratulate the couple and the couple sends a thank-you gift in return. (2) The same can be said about welcoming babies. If someone gives your baby a present, you need to return something to show your thanks.

I find myself looking (3) presents all the time. When I travel to China and the United States, finding gifts for my friends and family is always a big problem. Sometimes my bag is half full of presents when I leave Japan. When I come back to Japan, the same thing happens, too. I feel that I am bringing cultures together by sharing small different cultures with different people. If you must bring a Japanese present to a friend who lives abroad or someone who visits Japan, I have a few *suggestions: for Chinese people, anything with *maccha* green tea will bring a lot of smiles: green-tea chocolates, green-tea cakes and green-tea powder. Americans like white-chocolate cookies, soft candies and *senbei*, rice crackers.

One summer I gave my son's friends Japanese summer *kimonos*, as gifts from Japan. They loved them and still have (4) them. The point is to give friends something that (5) them remember Japan. When they see it, it will bring back good memories.

My friends around me thank me the most when I give them homemade sweets. The pumpkin pies I give on *Thanksgiving every year are very popular and everyone who eats it asks for it more! Every year I bake more than 10 pies.

I think that giving presents is showing our love and thanks. When we give something to someone, we feel happy. The important thing is not money, but feelings behind the gifts. It is a really nice custom and I am going to keep it all my life.

(*Asahi Weekly*, The Bilingual Paper for English Learners, No.2264 Sunday, April 16, 2017 から一部改変)

(注) custom 習慣　midyear (1年の)中間の　celebrate ～を祝う
wedding ceremony 結婚式　congratulate ～を祝う　suggestions 提案
Thanksgiving 感謝祭(米国やカナダで，1年間の恵みに感謝するために定められた祝日)

問1 (　1　)に入る適切な語をア～エから1つ選び，記号で答えよ。
ア that　イ why　ウ what　エ how

問2 下線部(2)の内容を簡潔に日本語で答えよ。

問3 (　3　)，(　5　)に入る英語1語をそれぞれ答えよ。

問4 下線部(4)は何を指すか。本文中から抜き出して3語で答えよ。

問5 次の質問に英語で答えよ。ただし，答えは与えられた英文の続きから書くこと。
質問 When are Agnes' friends very happy on Thanksgiving?
答え They are very happy when (　　　　　　　　　　).

問6 本文の内容として適切なものを下のア～オから2つ選び，記号で答えよ。
ア Agnes knows that people in China love to get gifts such as white-chocolate cookies and rice crackers.
イ When Agnes comes back to Japan from abroad, she always buys many presents for her friends and family.
ウ Agnes thinks that we feel happier when we get something than when we give something to other people.
エ Agnes doesn't think that you need to return something to show your thanks.
オ On Thanksgiving, Agnes bakes pumpkin pies for her friends every year.

令和5年度

樟南高等学校入学者選抜学力検査問題

理　科 (50分)

※　答えはすべて別紙解答用紙に書きなさい。

※　解答用紙の下の「わく」の中に受検場と受検番号を書きなさい。

1 植物は，からだのつくりによって，いくつかのグループに分けることができる。植物を**A**～**E**のようなからだのつくりなどの特徴で，**図1**のようにグループ分けしてみた。以下の各問いに答えなさい。なお，①～④に入る植物は，イネ，スギゴケ，スギナ，タンポポのいずれかである。

【特徴】

A 種子でふえるか，胞子でふえるか。

B 道管があるか，ないか。

C 花弁が離れているか，くっついているか。

D 葉脈が平行か，網目状か。

E 子房があるか，ないか。

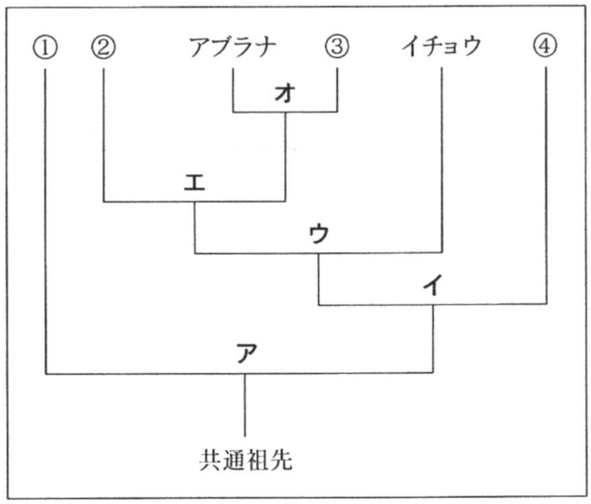

図1

(1) **図1**中の**イ**と**エ**にあてはまる特徴を，**A**～**E**から1つずつ選び，記号で答えよ。

(2) イネとスギナが入るのはどこか。それぞれ適当な場所を①～④から1つずつ選び，記号で答えよ。

(3) アサガオは花弁が1つにくっついた形状の花である。このような形状の花をもつ植物のなかまを何と呼ぶか。

(4) 種子植物の根は**図2**の**X**と**Y**のように大きく2つに分類できる。次の**a**～**e**の植物のうち，**Y**の根をもつものをすべて選び，記号で答えよ。

a ダイコン　**b** ネギ　**c** ユリ

d イネ　**e** ナズナ

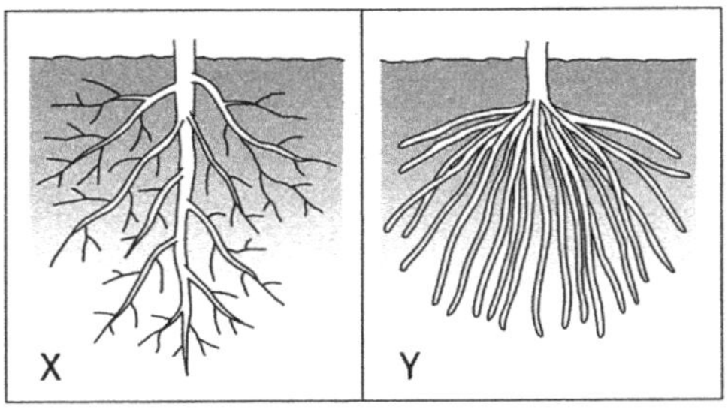

図2

(5) 種子植物が受粉した後にできる果実について，次の**a**～**e**の植物のうち，私たちが食べている部分が，子房の変化したものである植物を1つ選び，記号で答えよ。

a ピーナッツ　**b** モモ　**c** エンドウ(グリンピース)

d ギンナン　**e** イネ(米)

2　遺伝に関する説明文を読み，以下の各問いに答えなさい。

【説明文 1】

ある植物の花色は赤・ピンク・白の3色が知られているが，これは1つの遺伝子によって決められている。花色を赤にする遺伝子をA，白にする遺伝子をaとすると，花色の遺伝子型は赤がAA，ピンクがAa，白がaaとなる。

純系の赤色花をつけるもの(AA)と，純系の白色花をつけるもの(aa)を親として受粉し，子を得た。さらに，この子を自家受粉させて孫を得た。

(1)　この植物の花色について，赤やピンク，白のように，同時には現れない形質のことを何というか。

(2)　子の遺伝子型は何か。

(3)　孫の花色について，赤：ピンク：白の割合はいくらになるか。

(4)　孫から白色花を全て取り除き，赤色花とピンク色花をそれぞれ自家受粉させた場合，次の世代(ひ孫)の花色について，赤：ピンク：白の割合はいくらになるか。最も適切なものを次の**ア**～**オ**から1つ選び，記号で答えよ。

ア　1：1：1　　**イ**　2：2：1　　**ウ**　3：2：1　　**エ**　3：4：2　　**オ**　5：2：1

【説明文 2】

ある昆虫は赤色光には近づき，青色光からは遠ざかる性質をもっている。この昆虫に餌を与えながら青色光を当てることを繰り返したところ，青色光から遠ざかることがなくなった。

(5)　青色光から遠ざからなくなった昆虫の雄と雌を交配して子を得た場合，子は青色光と赤色光に対してどのような反応を示すと考えられるか。最も適切なものを次の**ア**～**エ**から1つ選び，記号で答えよ。

ア　青色光にも赤色光にも近づく。
イ　青色光からも赤色光からも遠ざかる。
ウ　青色光には近づくが，赤色光からは遠ざかる。
エ　青色光からは遠ざかるが，赤色光には近づく。

3 火山について，以下の各問いに答えなさい。

(1) ねばりけがもっとも弱いマグマからできる火山を**図1**の**A**～**C**から1つ選び，記号で答えよ。

図1

(2) 火山が噴火すると火口から溶岩や火山灰，火山弾などさまざまな物がふき出される。これらをまとめて何というか。

(3) 火山灰を**図2**にある顕微鏡を使って観察した。これは観察するものを拡大して立体的に観察するのに適している。この顕微鏡を何というか。

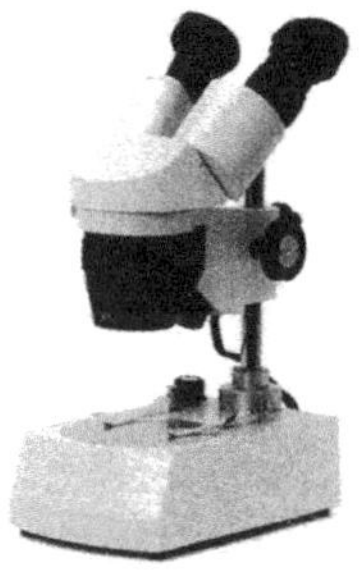

図2

(4) ある火山灰を観察すると，角閃石《かくせんせき》が観察された。角閃石の特徴として最も適当なものを，次の**ア**～**エ**から1つ選び，記号で答えよ。

ア 白色か灰色で，決まった方向に割れる。

イ 黒色で，決まった方向にうすくはがれる。

ウ 暗褐色《あんかっしょく》または緑黒色で，長い柱状である。

エ 暗緑色で，短い柱状である。

(5) ある地域の地層を調べると，火山灰の地層が見つかった。地層の中の火山灰の層は，いつどこの火山が噴火したときのものかわかれば，地層の年代を知る手がかりになる。このような地層を何というか。

(6) 鹿児島県のトカラ列島にある諏訪之瀬島には御岳という火山がある。いま御岳の上空に北西の風が吹いていると考える。このとき御岳が噴火して噴煙をあげた場合，噴煙の流れはどうなるか。解答欄の「△」を矢印の始点として，噴煙の流れを解答欄の図中に矢印を使って記入せよ。ただし，図中にある4本の点線は8方位を示し，上を北とする。上空の風の流れは途中で変化しないものとする。

4　Ｓさんは天体望遠鏡を使って，ある晴れた日の日中に太陽の黒点を以下の【手順】で観察した。さらに，インターネットを使って太陽の表面はどうなっているかレポートにまとめた。以下の各問いに答えなさい。

【手順】

手順１：天体望遠鏡に太陽投影板と遮光板をとりつけ，投影板に直径 10cm の円を書いた記録用紙を固定した。

手順２：天体望遠鏡を太陽に向け，接眼レンズと太陽投影板の位置を調節し，太陽の像を記録用紙の円の大きさに合わせて投影した。

手順３：黒点の位置，形をすばやくスケッチし，日付，時刻を記入した。

手順４：晴れた日の同じ時刻に観察し続けた。

(1)　太陽は，自ら光や熱を出してかがやいている天体である。このような天体を一般に何というか。漢字で答えよ。

(2)　天体望遠鏡に関して**誤っている**ものを，次の**ア**～**エ**から１つ選び，記号で答えよ。

ア　赤道儀を使う場合，極軸を北極星の方向に向ける。
イ　望遠鏡の倍率は，接眼レンズの焦点距離を対物レンズの焦点距離で割ることで求められる。
ウ　望遠鏡で見える像は，通常上下左右が逆になっている。
エ　太陽投影板を接眼レンズに近づけると，太陽の像は小さくなる。

(3)　この観察から分かったことをまとめた。文中の（　Ａ　）と（　Ｂ　）に入る語句の組み合わせを，次の**ア**～**エ**から１つ選び，記号で答えよ。

　観察を続けると黒点が太陽の表面で位置を変えていくことがわかった。このことから太陽は（　Ａ　）していることがわかる。また，（　Ａ　）していても地球の昼間の明るさが（　Ｂ　）ことから，太陽は四方八方に同じように光を出していることもわかる。

	（　Ａ　）	（　Ｂ　）
ア	公転	変わる
イ	公転	変わらない
ウ	自転	変わる
エ	自転	変わらない

(4)　Ｓさんはレポートを作成するとき，**図１**のような太陽の表面からふき上がるものがあることが分かった。その温度は約１万℃であることも分かった。このふき上がるものを何というか。

図１

(5)　太陽の観察でスケッチした黒点の像のうち，円の中心付近にある丸い一つの黒点の像の直径が 2mm であった。太陽の直径が地球の直径の約 109 倍であると考えると，この黒点の実際の直径は，地球の直径の約何倍か。小数第２位を四捨五入して小数第１位まで求めよ。

5 質量パーセント濃度で2％の水酸化ナトリウム水溶液Aと，濃度不明の水酸化ナトリウム水溶液Bを用いて，濃度不明の塩酸Cおよび塩酸Dの中和を行い，次の【実験結果】を得た。以下の各問いに答えなさい。

【実験結果】

結果1：5gの水酸化ナトリウム水溶液Aは2gの塩酸Cで中和した。

結果2：2gの水酸化ナトリウム水溶液Bは1gの塩酸Cで中和した。

結果3：5gの水酸化ナトリウム水溶液Bは4gの塩酸Dで中和した。

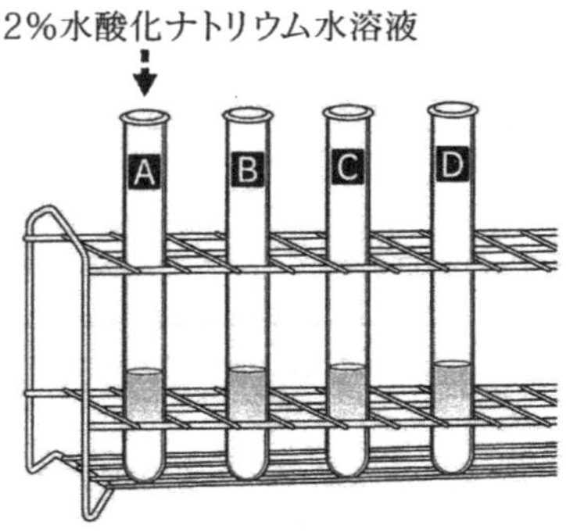

(1)　2％の水酸化ナトリウム水溶液150gをつくりたい。正しい方法を次の**ア**～**エ**から1つ選び，記号で答えよ。

ア　2gの水酸化ナトリウムを150cm^{3}の蒸留水に溶かす。
イ　3gの水酸化ナトリウムを150cm^{3}の蒸留水に溶かす。
ウ　2gの水酸化ナトリウムを148gの蒸留水に溶かす。
エ　3gの水酸化ナトリウムを147gの蒸留水に溶かす。

(2)　5gの水酸化ナトリウムを蒸留水に溶かすと，2％の水酸化ナトリウム水溶液は何gつくれるか。

(3)　Bの水酸化ナトリウム水溶液の濃度は何％か。

(4)　1gの水酸化ナトリウム水溶液Aと1gの塩酸Dを混ぜた溶液に，フェノールフタレイン溶液を数滴加えた。水溶液の色は，何色となるか。次の**ア**～**オ**から1つ選び，記号で答えよ。

ア　黄色　　**イ**　緑色　　**ウ**　青色　　**エ**　赤色　　**オ**　無色

(5)　16gの塩酸Dを中和するのに必要な水酸化ナトリウム水溶液Aは何gか。

(6)　下の**図**は一定量の塩酸に，40cm^{3}の水酸化ナトリウム水溶液を加えたときの塩化物イオンの数と，ナトリウムイオンの数の変化を示している。水素イオンの数の変化を，解答欄のグラフに書け。

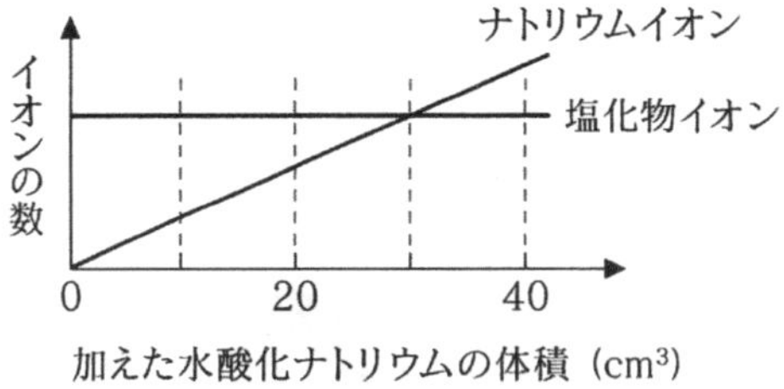

図

6　5種類の金属(マグネシウム・亜鉛・鉄・銅・銀)の陽イオンへのなりやすさを調べ，次の【実験結果】を得た。以下の各問いに答えなさい。

【実験結果】

結果1：金属A・C・Eはうすい塩酸に溶けたが，金属B・Dは反応しなかった。

結果2：金属Bのイオンを含む水溶液に金属Dを入れると，化学変化が起こった。

結果3：金属A・Cをガスバーナーで熱した。Aは表面が黒くなったが，Cは光を出しながら激しく燃焼した。

結果4：食塩水に金属A・Eをふれ合わないようにして入れると電圧を生じた。このとき，金属Aは＋極になり，金属Eは－極になった。

(1)　金属Aは，マグネシウム・亜鉛・鉄・銅・銀のどれか。化学式で答えよ。

(2)　金属DとEを用いてダニエル電池をつくった。＋極となる金属を化学式で答えよ。

(3)　結果1で，金属Eがうすい塩酸に溶けたとき，金属Eの変化をイオンと電子(e^-)を用いた化学反応式で表せ。

(4)　結果2で，金属Bに生じた変化を，電子(e^-)を用いた化学反応式で表せ。

(5)　結果3で，金属Cが激しく燃焼したときの化学変化を，化学反応式で表せ。

(6)　下の**図**のように，濃い食塩水でしめらせたろ紙と，アルミニウムはくを木炭(備長炭)に巻いた木炭電池で電流を得た。－極で起こる化学変化を表す化学反応式を次の**ア**～**エ**から1つ選び，記号で答えよ。

ア　$Cl_2 + 2e^- \rightarrow 2Cl^-$　　**イ**　$Al \rightarrow Al^{3+} + 3e^-$

ウ　$O_2 \rightarrow 2O^{2-} + 4e^-$　　**エ**　$Na^+ + e^- \rightarrow Na$

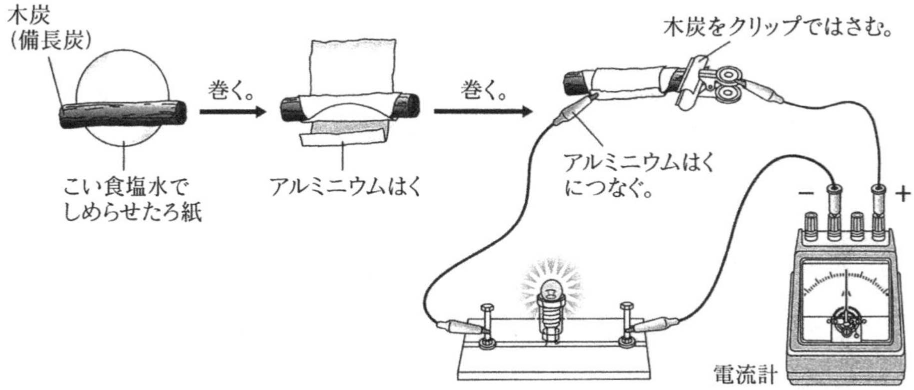

図

7　次のⅠ，Ⅱを読み，以下の各問いに答えなさい。

Ⅰ　**図1**のように，記録用紙に鏡を垂直に立て，点Pの位置に置いた物体を点Qの位置で観察した。

(1)　点Pから出た光が鏡で反射して点Qに達するまでの道筋を作図せよ。また，鏡にうつる物体の見かけの位置を×でかき込め。なお，補助線をかく場合は点線でかくこと。

(2)　鏡にうつる物体（これを像という）の見かけの位置には，実際に光が集まっているわけではない。このような像を何というか。

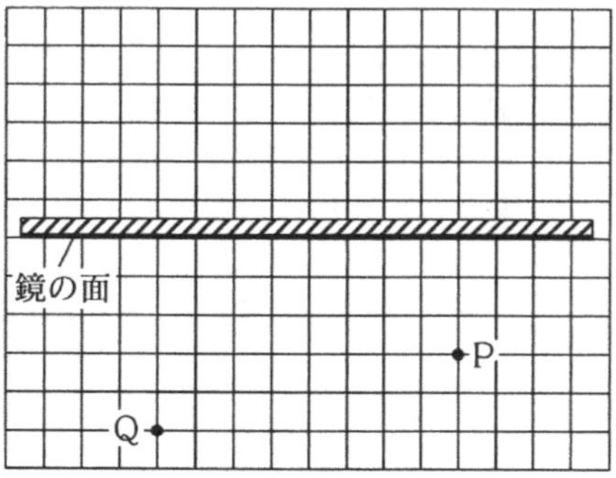

図1

Ⅱ　モノコード，マイクロホン，オシロスコープを使って，音の大きさや高さと弦の振動の関係を観察した。

(3)　**図2**はモノコードの弦をはじいたときのようすである。AとBのうち，どちらの方が大きい音が出ているか。また，振幅はCとDのどちらか。正しい組み合わせとして適当なものを，次の**ア**～**エ**から1つ選び，記号で答えよ。

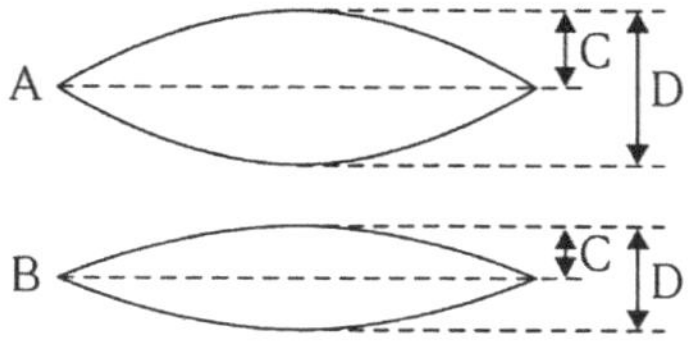

図2

	大きい音	振幅
ア	A	C
イ	A	D
ウ	B	C
エ	B	D

(4)　振動数とは何か。解答欄の「弦が」に続けて15字以内で説明せよ。

(5)　**図3**は，ある状態でモノコードの弦をはじいたときの音をマイクロホンを通してオシロスコープの画面に表示したもので，横軸は時間を表している。モノコードの状態とはじく強さを下の①，②のように変えたときのオシロスコープの画面のようすとして適当なものを，次の**ア**～**エ**からそれぞれ1つ選び，記号で答えよ。

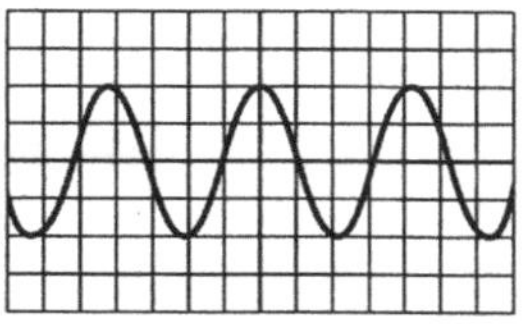

図3

①　**図3**のときより，弦の張りを強くして弱くはじいた。

②　**図3**のときより，弦の振動する部分を短くして強くはじいた。

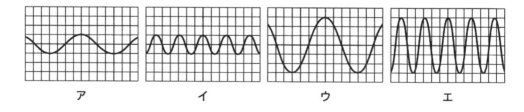

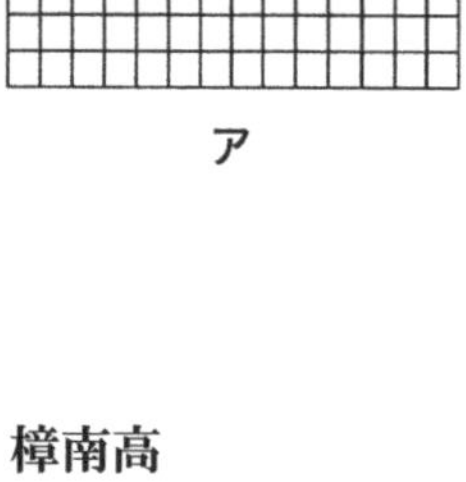

ア

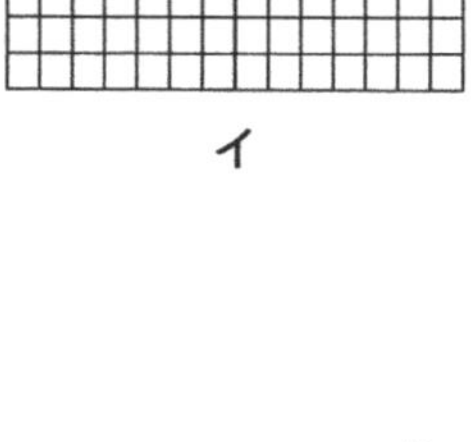

イ

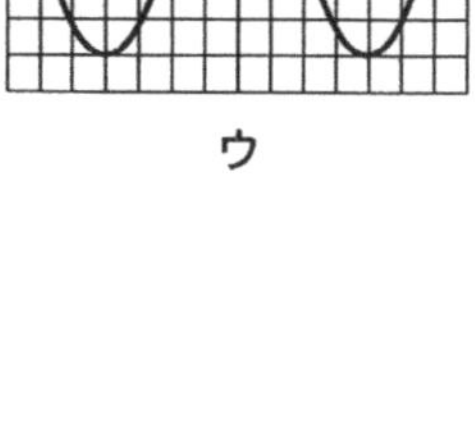

ウ

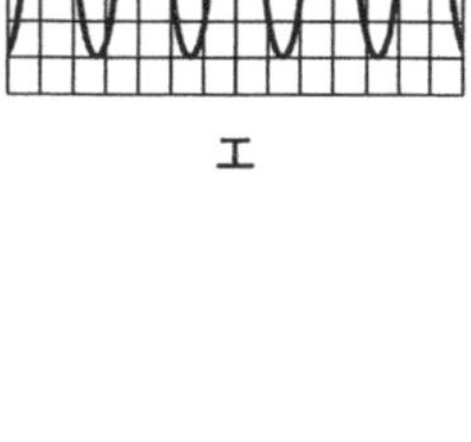

エ

8 電気回路について，以下の各問いに答えなさい。

図1のように，電源装置，10 Ωの抵抗器X，5 Ωの電熱線，スイッチを接続し，電源装置の電圧を6 Vにして2分間電流を流した。

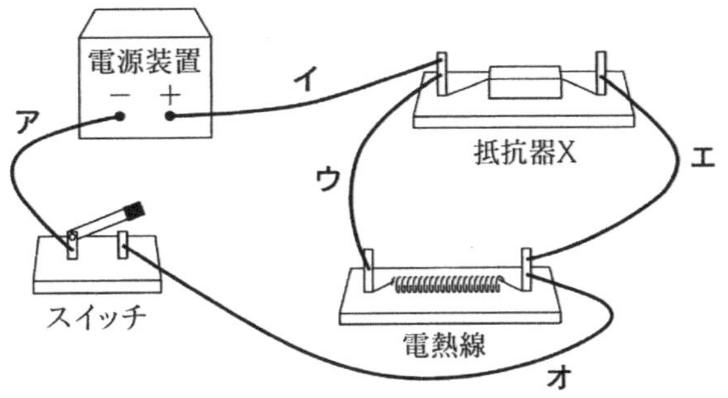

図1

(1) **図1**のように抵抗器Xと電熱線を接続した回路を何というか。漢字で答えよ。

(2) 抵抗器Xに流れる電流の大きさは何Aか。

(3) 電熱線に流れる電流の大きさを調べたいとき，どの導線に流れる電流を測定すればよいか。適当なものを，**図1**中の**ア**～**オ**から1つ選び，記号で答えよ。

(4) 電熱線で発生する熱量は何Jか。

次に，**図2**のように回路をつくりかえ，電源装置の電圧は6 Vのまま変えずにスイッチを入れた。

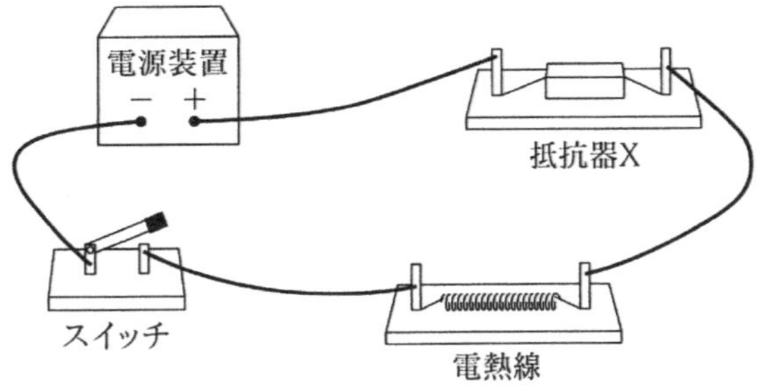

図2

(5) 電熱線での消費電力は，**図1**と比べて何倍になったか。分数で答えよ。

(6) **図2**の状態から電熱線をはずし，代わりに電熱線より抵抗の大きさが大きい抵抗器Yをつないだ。抵抗器Xに加わる電圧と流れる電流の大きさは**図2**の状態と比べてどのようになるか。適当なものを，次の**ア**～**ケ**から1つ選び，記号で答えよ。

	電圧	電流の大きさ
ア	変わらない	変わらない
イ	変わらない	小さくなる
ウ	変わらない	大きくなる
エ	小さくなる	変わらない
オ	小さくなる	小さくなる
カ	小さくなる	大きくなる
キ	大きくなる	変わらない
ク	大きくなる	小さくなる
ケ	大きくなる	大きくなる

令和５年度

樟南高等学校入学者選抜学力検査問題

社　会 (50分)

※　答えはすべて別紙解答用紙に書きなさい。

※　解答用紙の下の「わく」の中に受検場と受検番号を書きなさい。

1　あるクラスでは，「世界各国の現状（2021 年）」というテーマで発表を行うために資料を作成しました。次の資料をみて，あとの問いに答えなさい。

資料

エジプト	インド	アメリカ合衆国	イギリス
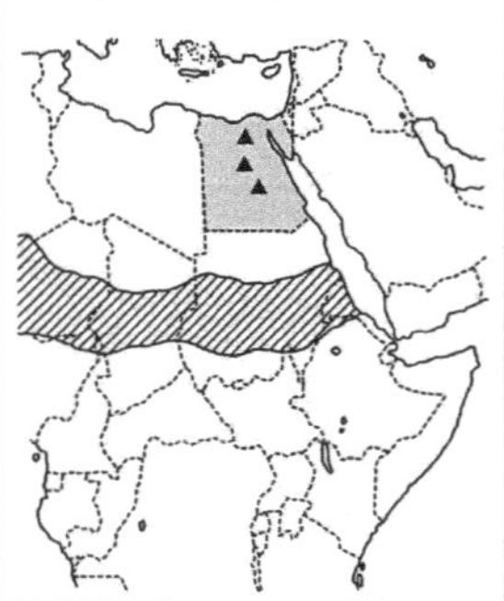	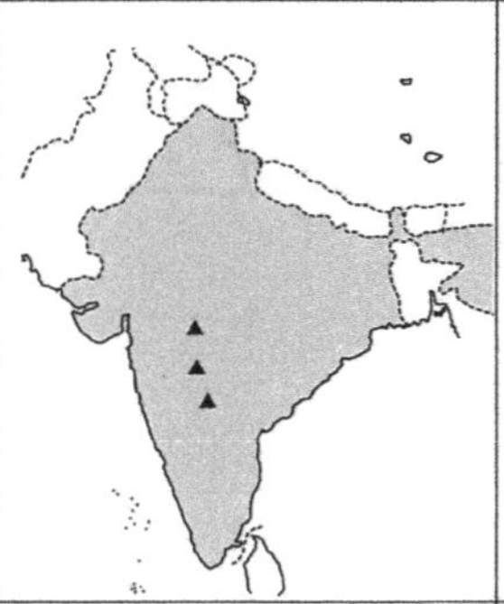		
この国は，厳しい①気候条件のなか，水資源のほとんどをナイル川に依存していますが，オレンジや野菜の生産量も多く，農業も基幹産業の１つとなっています。経済面では，ピラミッドなどの観光産業が主要な柱の１つとなっていますが，新型コロナウイルスの影響で観光客は激減しました。	この国は，②情報通信技術産業が急速に成長しています。 Google や Microsoft のトップもこの国の出身です。この技術を医療や農業などの広い③産業で用いることで，コロナ禍でも大きな経済発展を遂げると予想されています。また，2023 年頃には世界一位の人口になると予想されています。	この国は，2020 年 12 月から新型コロナウイルス感染症のワクチン接種を開始し，感染拡大に歯止めをかけるものとして期待されています。また，④ WHO が新型コロナウイルス感染症の流行をパンデミック（世界的流行）に指定してから１年，この影響で輸入額が急増し，輸出額が減少したことで⑤貿易赤字は過去最大になっています。	この国は，47 年間加盟していた⑥ＥＵを離脱しました。両者は，エネルギー等の分野での協力は継続しますが，ＥＵの経済圏から抜けるため，国境での品物の検査といった新たな手続きが増えることになります。今のところは新型コロナウイルス感染症によって社会が停滞していますが，今後はさらにＥＵ離脱の影響がでてきそうです。

※地図の縮尺は同じでない

問１　資料中のエジプト，インド，アメリカ合衆国，イギリスの中で，次の条件をすべてみたしている国名を，一つ答えよ。

条件	○　首都と東京の時差は 10 時間以内である。 ○　首都が人口最大の都市である。 ○　首都は偏西風の影響を受けている。

問２　資料中の 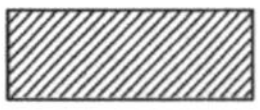 の地域は半乾燥地帯である。この地域を何というか，答えよ。

問３　資料中の▲で示した地域で共通して生産されている農作物を，**あ**～**え**のうちから一つ選べ。

あ　小麦　　**い**　綿花　　**う**　茶　　**え**　カカオ

問４　資料中の  は，海流を示している。この海流名を答えよ。

問5　下線部①について，次のⅠ～Ⅳの雨温図はエジプト，インド，アメリカ合衆国，イギリスの首都の気温と降水量を示している。**エジプト**と**インド**の正しい組み合わせを，**あ～く**のうちから一つ選べ。

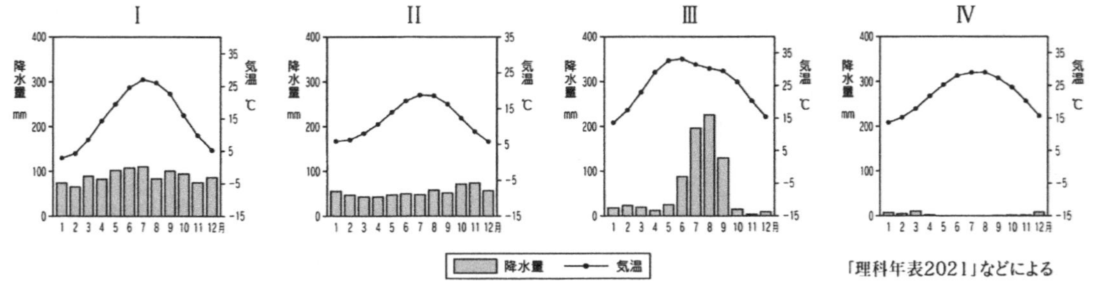

「理科年表2021」などによる

	あ	い	う	え	お	か	き	く
エジプト	Ⅰ	Ⅱ	Ⅲ	Ⅳ	Ⅰ	Ⅱ	Ⅲ	Ⅳ
インド	Ⅲ	Ⅲ	Ⅳ	Ⅱ	Ⅳ	Ⅰ	Ⅱ	Ⅲ

問6　下線部②について，次の問いに答えよ。

(1)　**「情報通信技術」**をアルファベット３文字で答えよ。

(2)　インドでは多くのアメリカ合衆国の企業から，ソフトウェアの開発やコールセンター，データ処理などの仕事を請け負っている。その理由として，**誤っているものを**，**あ～え**のうちから一つ選べ。

あ　インドは理数系の教育が重視されていて，技術力の高い労働者が多いため。

い　インドはイギリスの植民地であったために英語を話す労働者が多いため。

う　インドとアメリカは，位置関係からほぼ昼夜が逆転するため，24時間仕事を継続できるため。

え　インドはインターネットの発祥国なので，基地局の設置が進んでいるため。

問7　下線部③について，次の表は，エジプト，インド，アメリカ合衆国，イギリスの産業別人口構成，米，小麦，トウモロコシの生産量を示している。**インド**と**アメリカ合衆国**の正しい組み合わせを，**あ～く**のうちから一つ選べ。

	産業別人口構成(%)			生産量(千 t)		
	第１次	第２次	第３次	米	小麦	トウモロコシ
Ⅰ	1.1	18.4	80.0	－	13555	－
Ⅱ	1.6	18.4	77.8	10170	51287	392451
Ⅲ	47.1	24.8	28.1	172580	99700	27820
Ⅳ	25.8	25.1	49.1	4900	8800	7300

「世界国勢図会（2020/21）」などによる

	あ	い	う	え	お	か	き	く
インド	Ⅰ	Ⅱ	Ⅲ	Ⅳ	Ⅰ	Ⅱ	Ⅲ	Ⅳ
アメリカ合衆国	Ⅳ	Ⅳ	Ⅱ	Ⅱ	Ⅲ	Ⅲ	Ⅰ	Ⅰ

問8　下線部④について，正式名称を答えよ。

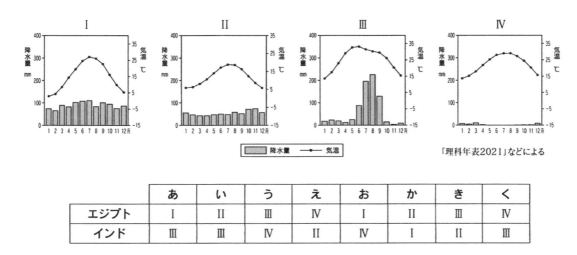

問9　下線部⑤について，次のⅠ～Ⅳは，エジプト，インド，アメリカ合衆国，イギリスの輸出額上位３品目を示している。**アメリカ合衆国**と**エジプト**の正しい組み合わせを，**あ～く**のうちから一つ選べ。

Ⅰ	Ⅱ	Ⅲ	Ⅳ
機械類 ………398033	機械類 ………102942	石油製品 ……… 4282	石油製品 ……… 47959
自動車 ………126117	自動車 …………53151	野菜，果実 ……… 2740	機械類 …………33439
石油製品 ……103192	金 ……………… 32296	原　油 ……… 2147	ダイヤモンド ……… 25595

（単位：百万ドル）

「世界国勢図会（2020/21）」による

	あ	い	う	え	お	か	き	く
アメリカ合衆国	Ⅰ	Ⅱ	Ⅲ	Ⅳ	Ⅰ	Ⅱ	Ⅲ	Ⅳ
エジプト	Ⅳ	Ⅳ	Ⅱ	Ⅱ	Ⅲ	Ⅲ	Ⅰ	Ⅰ

問10　下線部⑥について，ＥＵ離脱の理由として**誤っているもの**を，**あ～え**のうちから一つ選べ。

あ　ＥＵへの拠出額が多く，受取額が少ないため。

い　移民や難民の人々に対する，さまざまな支援が増加したため。

う　ＥＵの権限が強く，加盟国の独自の考えが反映されにくいため。

え　ユーロを導入したことで，金融政策を独自で行えないため。

問11　次の**A～D**の写真は，エジプト，インド，アメリカ合衆国，イギリスのいずれかの国で発行された紙幣である。正しい組み合わせを，**あ～く**のうちから一つ選べ。

A

B

C

D

	あ	い	う	え	お	か	き	く
A	エジプト	インド	アメリカ合衆国	イギリス	エジプト	インド	アメリカ合衆国	イギリス
B	イギリス	エジプト	エジプト	インド	アメリカ合衆国	アメリカ合衆国	イギリス	エジプト
C	インド	イギリス	イギリス	エジプト	イギリス	イギリス	エジプト	アメリカ合衆国
D	アメリカ合衆国	アメリカ合衆国	インド	アメリカ合衆国	インド	エジプト	インド	インド

2 次の文章を読んで，あとの問いに答えなさい。

東北地方の平野や盆地では，古くから米の生産が盛んに行われてきました。①東北地方の祭りは，豊作への願いや収穫への感謝を表すものが多いことからも，稲作が人々の生活の基盤にあったことがわかります。しかし，岩手県出身の詩人である宮沢賢治が，「雨ニモマケズ」という詩の中で「サムサノナツハ　オロオロアルキ」とうたったように，東北地方の農家は夏の低い気温に苦しめられ，自然の厳しさと闘ってきました。その原因である②地方風の影響を強く受けると，稲が十分に育たず，収穫量が減る［ X ］が起こることがあります。特に1993年には多くの地域で［ X ］が起き，東北地方が大きな被害を受けただけでなく，日本中が米不足で苦しみました。この年をきっかけに，宮城県で開発されていた「ひとめぼれ」など［ X ］に強い品種の栽培が広がりました。

問1 下線部①について，東北地方の祭りに**該当しないもの**はどれか，**あ～え**のうちから一つ選べ。

あ

い

う

え

問2 下線部②について，主に6月から8月にかけて，東北地方を中心に吹く冷たく湿った北東の風を何というか，答えよ。

問3 文中の［ X ］にあてはまる最も適当な語句を答えよ。

問4 東北地方では，豊富な水や用地があったことから，新しい工場の進出が見られた。そのうち，新幹線の近くや高速道路沿いに進出している工場を，**あ～え**のうちから一つ選べ。

あ 半導体工場　**い** 繊維工場　**う** 製鉄工場　**え** 石油化学工場

問5 次の表は，青森県，岩手県，山形県，宮城県の産業別人口の割合，工業出荷額，農業出荷額，海面漁業漁獲量を示している。**宮城県**に該当するものを，**あ～え**のうちから一つ選べ。

	産業別人口の割合(%)			工業出荷額(億円)	農業出荷額(億円)	海面漁業漁獲量(千t)
	第一次産業	第二次産業	第三次産業			
あ	12.4	20.4	67.2	17504	3262	91
い	10.8	25.4	63.8	26435	2741	66
う	9.4	29.1	61.5	28679	2508	4
え	4.5	23.4	72.1	45590	1902	165

「日本国勢図会(2022/23)」による

3　次の略年表をみて，あとの問いに答えなさい。

西　暦	おもなできごと	
1600	関ヶ原の戦いがおこる	……… ①
1603	徳川家康が［　Ⅰ　］になる	……… ②
		↕ ア
1635	参勤交代が制度化される	……… ③
		↕ イ
1716	享保の改革が始まる	……… ④
1772	田沼意次が老中になる	……… ⑤
1787	寛政の改革が始まる	……… ⑥
1792	ロシア使節ラクスマンが来航する	……… ⑦

問１　略年表中の①より前におこった日本の出来事を，**あ**～**え**のうちから一つ選べ。

あ　豊臣氏が滅びる。

い　刀狩令が出される。

う　幕領でキリスト教が禁止となる。

え　薩摩藩が琉球王国を支配下におく。

問２　略年表中の①のころから徳川氏に従うようになった大名を何というか，答えよ。

問３　略年表中の②の［　Ⅰ　］にあてはまる官職名を何というか，漢字５文字で答えよ。

問４　略年表中の**ア**の時期に出された下の法令名を何というか，答えよ。

> 一、天皇は，帝王としての教養と，伝統文化である和歌を学ばなければならない。
> 一、武家の官位は，公家の官位と別枠にする。　　　　　　　　　　（部分要約）

問５　略年表中の③を制度化した将軍は誰か，答えよ。

問６　次の**A**～**D**は，略年表中の**イ**の時期の出来事である。古いものから年代順に正しく配列したものを，**あ**～**か**のうちから一つ選べ。

A　島原・天草の人々が島原・天草一揆をおこした。

B　儒学者新井白石の意見が政治に取り入れられた。

C　人々に慈悲の心を持たせるため，極端な動物愛護の政策がとられた。

D　オランダ商館を出島に移し，鎖国体制が固まった。

あ　A－B－C－D　　**い**　B－C－D－A　　**う**　C－B－A－D

え　D－C－B－A　　**お**　A－D－C－B　　**か**　B－A－C－D

令和五年度

国語解答用紙

問	得点
一	
二	
三	
四	
合計	

（配点非公表）

一

問一 a b c d

問二 A B

問三 I II

問四

問五

問六

問七

問一 a b c d

問二 A B C D

受検場	受検番号

(2)	
(3)	$x =$ 　　　　　, $y =$
(4)	$x =$
(5)	円
(6)	
(7)	$y =$
(8)	$\angle x =$
(9)	

(1)	
(2)	
(3)	

受検場	受検番号

問題	得点
1	
2	
3	
4	
5	

得点	

（配点非公表）

問6

														15
				20				24						

問7

3番目	5番目

問8 (　　　　　　) (　　　　　　)

7

問1

7	

問2

問3

3		5	

問4 (　　　　　　) (　　　　　　) (　　　　　　)

問5 They are very happy when (　　　　　　).

問6

受検場	受検番号

得点合計

（配点非公表）

(3)	(4)

(5)	(6)

7

(1)	(2)	(3)
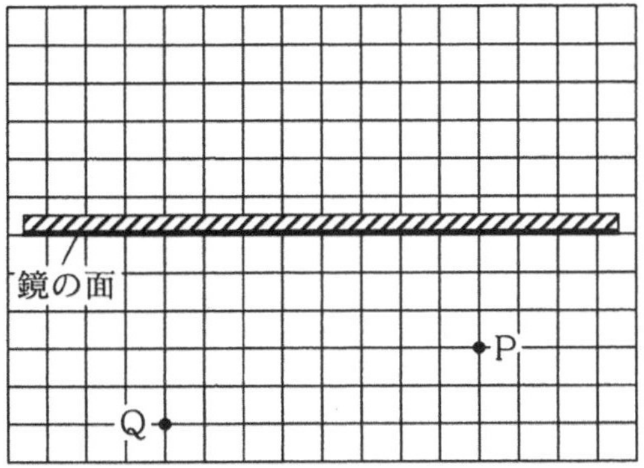		

(4)

弦	が						

(5)

①		②	

8

(1)	(2)	(3)	(4)	(5)	(6)
回路	A		J		

受検場	受検番号

得点

（配点非公表）

1	2	3		

問 4	問 5

5

問 1		問 2	問 3	問 4	問 5	問 6	問 7
1	2						

6

問 1	問 2	問 3	問 4	問 5	問 6	問 7

問 8

受検場	受検番号

得点	1	2	3	4	5	6	合　計

（配点非公表）

令和５年度　**社会解答用紙**

1

問１	問２	問３	問４	問５	問６
					(1)

問６	問７	問８	問９	問10	問11
(2)					

2

問１	問２	問３	問４	問５

3

問１	問２	問３	問４

問５	問６	問７

問８	問９	問10

【解

令和5年度　**理 科 解 答 用 紙**

1

(1)				(2)				(3)
イ		エ		イネ		スギナ		

(4)	(5)

2

(1)	(2)	(3)	(4)	(5)
		赤：ピンク：白＝　：　：		

3

(1)	(2)

(3)
顕微鏡

(4)	(5)

(6)

(注)
上を北とする

4

(1)	(2)	(3)	(4)	(5)
				約　倍

5

(1)	(2)	(3)
	g	%

(4)	(5)

(6)

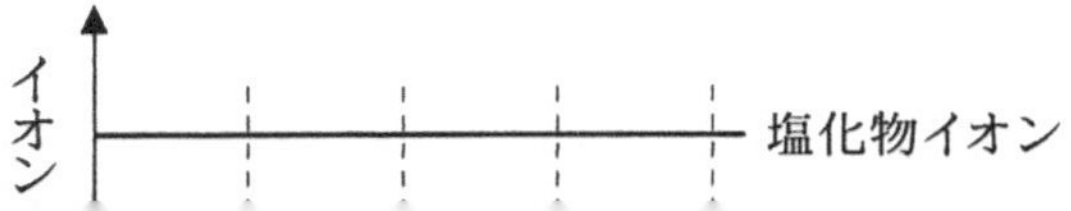

令和5年度　**英 語 解 答 用 紙**

〔得　点〕

1

1	2	3	4	5

2

	3番目	5番目
1		
2		
3		
4		
5		

3

1	

2	

3	

4	

5	

4

【A】

問1	問2	問3

【B】

問1	問2	問3

5

1	2	3	4	5

〔得　点〕	
1	
2	
3	
4	
5	

令和５年度　**数学解答用紙**

1

(1)	
(2)	
(3)	
(4)	
(5)	
(6)	
(7)	
(8)	

3

(1)	$a =$
(2)	
(3)	
(4)	:

4

(1)	cm
(2)	cm
(3)	:
(4)	cm^2

問四

問五

問六

問七

三

問一

問二

②

⑥

問三

問四

1

2

問五

問六

問七

四

問一

問二

問三

問四

問五

(1)

A

B

(2)

(3)

Ⅱ

Ⅲ

Ⅳ

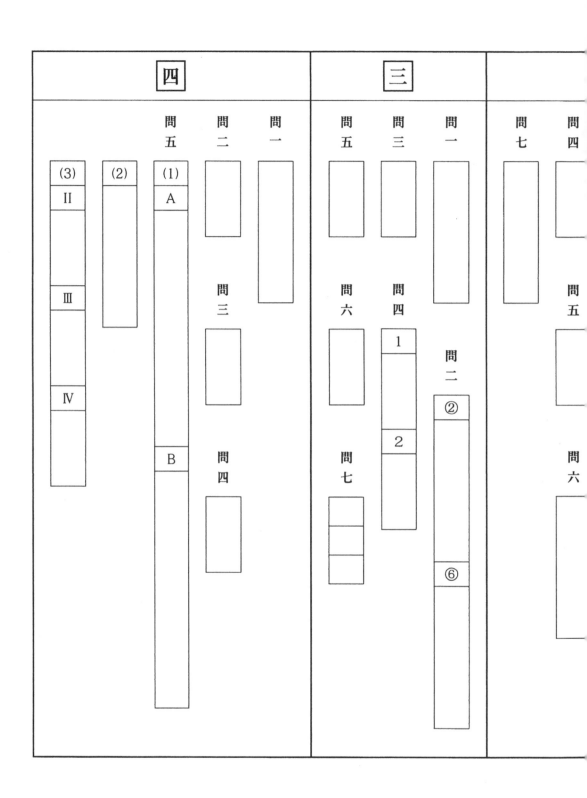

問 7　略年表中の④の改革の中で，上げ米の制を実施する代わりに，大名に実施した政策内容を簡潔に答えよ。

問 8　略年表中の⑤の時に，財政の立て直しを図るため，商工業者の同業組合を公認し，営業税を納めさせた。この同業組合を何というか，答えよ。

問 9　略年表中の⑥で，この改革で実施された政策として正しいものを，**あ**～**え**のうちから一つ選べ。

あ　漢文に翻訳された洋書について輸入の制限を緩めた。
い　庶民の意見を取り入れる目安箱を設置した。
う　商業の活性化を促す目的で，干拓工事や蝦夷地の開拓に乗りだした。
え　幕府の学校で朱子学以外の儒学を禁じた。

問 10　略年表中の⑦で，ラクスマンが来航した時の最初の港を，略地図中の位置 **a** ～ **d** のうちから一つ選べ。

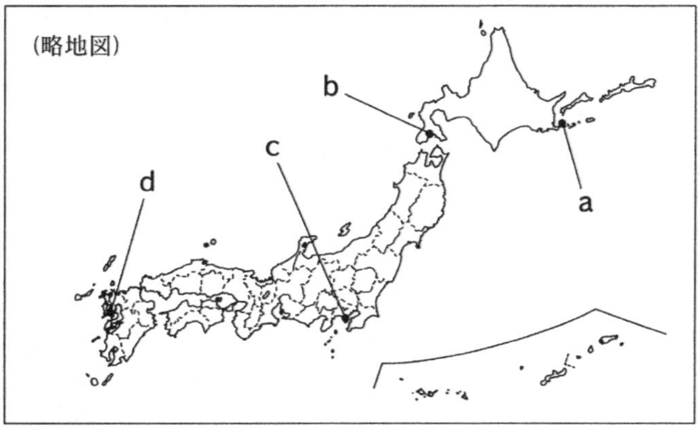

4 次のA～Dの写真・資料と，その説明文に関するあとの問いに答えなさい。

A

占いの結果は亀の甲や牛や鹿の骨に甲骨文字で刻まれ，現在の漢字の基になった。

B

暗殺された［ 1 ］首相は，おし入ってきた海軍の将校に「話せば分かる」と語りかけたといわれている。

C

第１条　人は生まれながらにして，自由で平等な権利をもつ。
第２条　あらゆる政治的な団結の目的は，自由，所有，安全および圧政への抵抗《ていこう》の権利を保全することである。
第３条　あらゆる主権の根源は，本来的に国民にある。

（一部要約）

［ 2 ］宣言で記された権利は，現在でも重要な考え方として，日本や各国の憲法などに引き継がれている。

D

リンカンは［ 3 ］戦争中に，奴隷解放を宣言し，戦争は北部側の勝利に終わった。

問１ ［ 1 ］～［ 3 ］にあてはまる人名や語句を答えよ。

問２ 写真Aの文字が作られた中国の王朝を何というか，答えよ。

問３ 写真Bの事件を何というか，答えよ。

問４ 革命の途中に国民議会が資料Cの宣言を発表した。この革命を何というか，答えよ。

問５ 上のB～Dの事項について，古いものから年代順に正しく配列したものを，**あ**～**か**のうちから一つ選べ。

あ　A－B－C－D　　**い**　A－B－D－C　　**う**　A－C－B－D
え　A－C－D－B　　**お**　A－D－B－C　　**か**　A－D－C－B

5 次のⅠ・Ⅱの文章を読んで，あとの問いに答えなさい。

Ⅰ

（朝日新聞の文章）

お詫び：著作権上の都合により，掲載しておりません。ご不便をおかけし，誠に申し訳ございません。
教英出版

（朝日新聞　2022.7.15 より抜粋）

問1　文中の［　1　］・［　2　］にあてはまる語句・数字を答えよ。

問2　下線部①に関連して，衆議院と参議院の権限について述べた**A**～**C**の文の正誤の組み合わせとして正しいものを，**あ**～**か**のうちから一つ選べ。

A　法律案の議決で，参議院が衆議院と異なった議決をした場合は，必ず両院協議会を開いて意見の一致をめざすことが憲法で定められている。

B　内閣不信任の決議案は，衆議院と参議院でそれぞれ可決することができる。

C　予算の議決で，参議院が，衆議院の可決した予算を受け取った後，国会休会中の期間を除いて 30 日以内に議決しないときは，衆議院の議決を国会の議決とする。

	あ	い	う	え	お	か
A	正	正	正	誤	誤	誤
B	正	正	誤	誤	誤	正
C	正	誤	誤	誤	正	正

問3　下線部②に関連して，立法府と行政府の関係についての説明として**誤っているもの**を，**あ**～**え**のうちから一つ選べ。

あ　国会は，国政上の問題を調査するために，証人の出頭や記録の提出を求めることができる。

い　衆議院で内閣不信任の決議が可決された場合は，内閣は 10 日以内に衆議院の解散を行うか，総辞職しなければならない。

う　罷免の訴追をうけた国務大臣は，両議院で組織する弾劾裁判所で裁判を受けなければならない。

え　内閣が結んだ条約は，事前または事後に国会の承認を経なければならない。

問4　下線部③に関連して，日本の裁判制度の説明として正しいものを，**あ**～**え**のうちから一つ選べ。

あ　国民が原告となり，国を被告として訴える裁判は，行政裁判所という特別な裁判所で行われる。

い　裁判員裁判において裁判員は，有罪か無罪を決める話し合いには参加するが，刑罰を下す評決に加わることはできない。

う　国民審査の対象となるのは最高裁判所の裁判官のみであり，公の弾劾によって始められる。

え　第一審の判決に不服であれば，上級の裁判所へ控訴し，さらに上級の裁判所へ上告することができる。

Ⅱ　2022年2月24日，ロシア軍がウクライナに侵攻した。〔　A　〕は2月25日，ウクライナに軍事侵攻したロシアを非難し，武力行使の即時停止と撤退などを求める決議を採決したが，ロシアが拒否権を行使したため否決された。2月28日，〔　B　〕の緊急特別会合が開催され，3月2日，ロシアを非難する決議が賛成多数で採択された。この決議に法的拘束力はないが，④〔　C　〕加盟諸国とアメリカ合衆国，日本などは，ロシアへの経済制裁を実施した。それに対して，ロシアも対抗措置をとったため，エネルギー資源や食料などの供給不足が続き，世界経済は大きな影響を受けることになった。

⑤テレビや新聞，インターネットなどのメディアでは，民間施設へのミサイル攻撃の映像や人権侵害の状況，国外へ逃れたウクライナ難民の様子などが繰り返し報道された。

問5　文中の〔　A　〕～〔　C　〕に入る用語の組み合わせとして正しいものを，**あ**～**え**のうちから一つ選べ。

	A	B	C
あ	国連安全保障理事会	国連総会	EU
い	国連安全保障理事会	国連総会	ASEAN
う	国連総会	国連安全保障理事会	EU
え	国連総会	国連安全保障理事会	ASEAN

問6　下線部④に関連して，次の表は，「G７各国の一次エネルギー自給率とロシアへの依存度」を示したものである。表中の〔　Y　〕に該当する資源名を答えよ。

G７各国の一次エネルギー自給率とロシアへの依存度

国名	一次エネルギー自給率(2020年)	ロシアへの依存度(輸入量におけるロシアの割合)（2020年）		
		〔　X　〕	〔　Y　〕	石　炭
日本	11%	4%	9%	11%
米国	106%	1%	0%	0%
カナダ	179%	0%	0%	0%
英国	75%	11%	5%	36%
フランス	55%	0%	27%	29%
ドイツ	35%	34%	43%	48%
イタリア	25%	11%	31%	56%

（資源エネルギー庁資料より）

問7　下線部⑤に関連して，人権を国際的に保障することを目的とした文書の記述として正しいものを，**あ**～**え**のうちから一つ選べ。

あ　子どもの権利条約（児童の権利条約）は，小学校に就学している児童の権利保護を目的とするものであり，中学校や高校に就学している生徒は対象外とされている。

い　国際人権規約は，世界人権宣言の内容を具体的な法的拘束力を持つ条約として国連総会で採択された。

う　日本は，難民の地位に関する条約を批准しておらず，これまで難民を受け入れたことはない。

え　日本は，障害者の人権や基本的自由を保護することなどを定めた障害者権利条約を批准していない。

6 次のⅠ・Ⅱ・Ⅲの文章を読んで，あとの問いに答えなさい。

Ⅰ　財やサービスが取り引きされる場を市場といい，財やサービスが市場で自由に取り引きされる経済を市場経済という。財やサービスの価格は，原則として市場における買い手の需要と売り手の供給の関係によって決まる。①右の図で，価格がP_1のとき，〔　X　〕。P_2のときは，その逆の動きを示す。

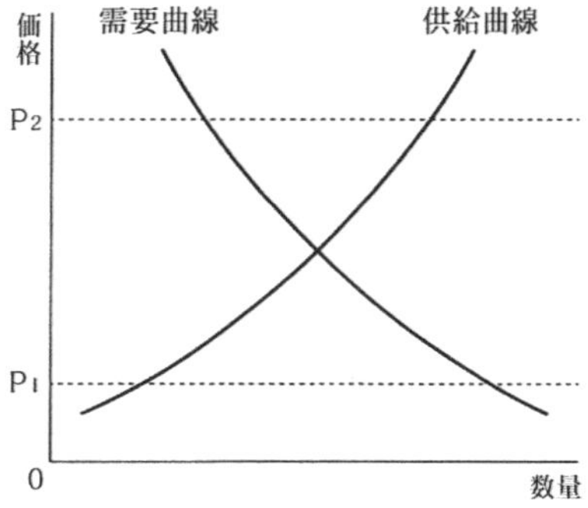

市場経済では，多くの企業が商品の供給量を競い合うが，市場に商品を供給する企業が1社あるいは数社の場合，少数の企業が，生産量や価格を相談して決めることが可能となる。競争が弱まると，消費者が高い価格で商品を購入する状況もあり得る。

そこで，競争を促すことを目的に［　1　］法が制定され，公正取引委員会が監視や指導を行っている。

問1　文中の［　1　］にあてはまる法律名を答えよ。

問2　文中の〔　X　〕に入る文として正しいものを，**あ**～**え**のうちから一つ選べ。

あ　需要量が供給量を上回っているので，価格は上がる。
い　需要量が供給量を上回っているので，価格は下がる。
う　供給量が需要量を上回っているので，価格は上がる。
え　供給量が需要量を上回っているので，価格は下がる。

問3　下線部①に関連して，ある都市の市場において，需要曲線が右に移動するケースを，**あ**～**え**のうちから一つ選べ。

あ　類似の商品が販売され競争が厳しくなった。
い　この地域の市民の平均所得が増加した。
う　過疎化が進み市の人口が減少した。
え　消費税の税率が引き上げられた。

Ⅱ　市場経済においては，原則として，何を，誰から，いくらで購入するなどを自由に決めることができるが，企業の誇大広告などによって，消費者が不利益を受けたりすることもある。②消費者の安全と権利を守るために，欠陥商品で消費者が被害を受けたときの企業の責任について定めた製造物責任法（PL法）や，契約上のトラブルから消費者を保護する［　2　］法などが制定され，消費者行政を一元的に行う消費者庁が設置された。

問4　文中の［　2　］にあてはまる法律名を答えよ。

問5　下線部②に関連して，現在，日本で実施されている法や制度についての記述として正しいものを，**あ**～**き**のうちから一つ選べ。

A　訪問販売などで商品を購入した場合，一定期間内であれば，無条件に契約を解除することができる。
B　商品について事実と異なる説明や，業者の不当な勧誘があった場合の契約は取り消すことができる。
C　1968年に制定された消費者基本法は，消費者が受けた被害を救済するという考えから，2004年に消費者保護基本法に改正された。

あ　A　　**い**　B　　**う**　C　　**え**　AとB
お　AとC　　**か**　BとC　　**き**　AとBとC

Ⅲ　人や物，お金や情報が国境を越えて地球規模で行き来することを，③グローバル化という。1980 年代以降，それまでの規制を緩めて企業の自由な活動を広げ，経済を発展させていこうとする動きが世界的に広まっていった。経済のグローバル化が進むなか，スーパーやショッピングモールに行けば，世界各地の食料を手に入れることができるし，価格の安い衣服を手にすることもできる。

一方，環境問題の悪化や地域産業の衰退，経済格差の拡大などの点から，グローバル化を批判する考えもあり，大規模な反対集会が開かれることもある。④新型コロナウイルスの広がりは，グローバル化する世界の影の部分や課題を浮かび上がらせることにもなった。

問６　下線部③に関連して，グローバル化の説明として**誤っているものを**，**あ～え**のうちから一つ選べ。

あ　人の移動が進み外国人と触れ合う機会が増えていくなか，多文化共生の社会づくりも求められている。
い　企業が海外展開を進めることにより，その企業が進出した国では産業の空洞化が生じることがある。
う　一国の経済規模を超える売り上げや利益により，各国の政策に影響力を行使する多国籍企業がある。
え　海外から入荷する予定の部品が届かず，製品の納入が遅れたり，生産縮小に追い込まれる企業もある。

問７　下線部④に関連して，新型コロナウイルスが日本国内で広がりを見せた 2020 年以降の，日本経済や社会の状況の説明として正しいものを，**あ～え**のうちから一つ選べ。

あ　新型コロナウイルス対策費として増やした予算の財源は，消費税の増税で調達された。
い　全産業でテレワークが進められ，過疎地域の人口減少に歯止めがかかりつつある。
う　景気回復が見通せないなか，非正規雇用の形態で働く労働者が，全労働者の 4 割近くを占めている。
え　75 歳以上の後期高齢者は，自己負担なしで医療や介護のサービスを受けられるようになった。

問８　2022 年の春以降，電気代やガス代，食料品などの値上げが続き，消費者の生活に大きな影響があったが，本国への送金をドルで行っている外国人労働者への影響は，さらに深刻なものがあった。外国人労働者への影響が深刻な理由について，次のグラフを参考に，**賃金**，**円**，**ドル**の用語を用いて，30 字以内で説明せよ。

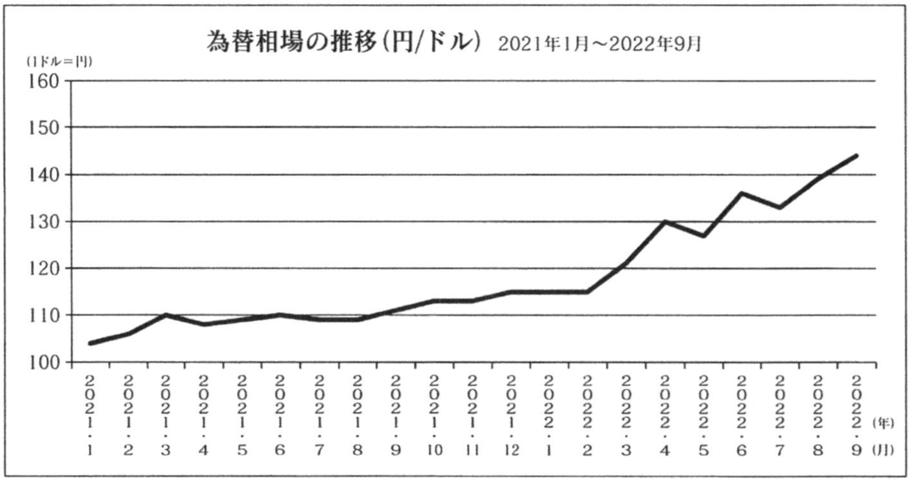

（日本銀行統計データにより作成）

令和四年度

樟南高等学校入学者選抜学力検査問題

国　語

（五〇分）

一、答えはすべて別紙解答用紙に書きなさい。

二、受検場と受検番号を、解答用紙の右下「わく」の中に書きなさい。

教英出版

一　次の文章を読んで、あとの問いに答えなさい。

環境問題への対応は「自然環境」対「人間社会」という図式でとらえられがちである。（　Ａ　）、この図式が環境問題の図式を歪め、方向を見えにくくしてきたと思う。

こうゆう図式があるから、「人間だって自然でしょう」という人がある。そのとおりだが、その先を考える必要がある。それなら人工とはなにか。すべての人工物は、自然である人がつくったんだから、それも自然だ。ここまでいけば、屁理屈《へりくつ》であろう。

人工とは人間の意識がつくり出したものをいう。都市はそのテンケイ[a]である。都会には、人間のつくらなかったものは置かれていない。樹木ですら都会では人間が「考えて」植える。草が「勝手に」生えると、それを①「雑草」というのである。

他方、人間の体は自然に属している。身体は意識的につくったものではないからである。自分の身体がどんな形になっていようと、それは自分のせいではない。まさに自然のなせるわざなのである。

自分の身体が②人工ではないということを、都市社会ではできるだけ「意識させない」。だから黒い髪は染め、唇は赤くし、爪は切り、ひげは剃り、ハダカ[b]では暮らさず、服は始終取り替える。そうしていれば、身体はなんとなく意識の思うようになると思えるからであろう。もっとテッテイ[c]して、美容整形でもすれば、身体は人工だという印象はさらに強くなる。つまりこれは環境問題であろう。身体という自然を、意識が思うようにできると思っているからである。

それなら意識とは何か。人の脳でとくに発達した働きである。その働きが言葉を操り、都市を創り出し、いわゆる近代社会をつくる。遺伝子からすれば、ヒトとほとんど違わないチンパンジーは、そのどれもやらない。脳が小さいからである。（　Ｂ　）環境問題を個人に戻せば、それは心と身体の対立という、たいへん古典的な問題に戻る。意識とは（　Ｂ　）心だからである。環境問題を追及していくと、原理的には自分の心身の問題に戻る。

身体が自然だという説明をしよう。われわれの身体は、実は生態系である。なにしろ一億以上の生物が棲《す》みついているといわれているからである。消化管のなかには、大腸菌《きん》をはじめとして、じつに多くの細菌が棲んでいる。食物といっしょに外から入ってくるから、そんなものは嫌いだといっても、どうにもならない。腸内細菌叢《そう》※、つまり腸内の生態系のバランスが崩れると、たいていの人は腹の具合が悪いという。腹の具合が悪いのは、その意味では、かならずしも「自分のこと」ではない。腸内に棲む生物仲間のこと、つまり環境問題なのである。

人間は一人で生まれて、一人で死ぬ。ときどきそう威張る人があるが、生物学的にはそれは間違いである。意識がそういっているだけである。③死んだ人を火葬すれば、じつは一億玉砕※である。消化管に限らない。気道にもさまざまな生き物が棲んでいる。エイズになると、それが原因となって、肺炎を起こしたりする。（　Ａ　）都会の人は日常それを「実感」してはいないはずである。身体は④その意味では意識されないからである。

　そればかりではない。去年の今日という日を考えてみよう。その日、私たちの身体は、今年の今日と同じように、七割近く水でできていたはずである。それじゃあ、去年身体に入っていた水で、今年の今日まで残っているのは、何割あるか。ほとんど残っていない。この一年で、自分が何トンの水を飲んだか、よく考えてみればいいのである。⑤身体は川と同じである。川はいつでもそこにあるが、水はたえず入れ替わっている。

　水は入れ替わるにしても、固い部分は違うでしょうが。残念でした。それもどんどん入れ替わる。小腸の表面をｄオオう上皮は、人体で一番入れ替わりが早い。三日で入れ替わってしまうのである。物質的にいうなら、去年の私と今年の私は、ほとんど別物である。意識はそんなことはいっさいいわない。去年の私も、今年の私も、「同じ私」だという。身体については意識はほとんどデタラメの嘘《うそ》をいうのである。

　自分を川だという実感で暮らす人が、世界にどれだけいるだろうか。自分は生態系だと思っている人が、どれだけいるだろうか。そういう人たちに、環境問題を説くむずかしさは、十分におわかりいただけるのではないだろうか。自分の身体であるのに、その見方がこれだけ実際と違っているのでは、身体は自然だといわれたって、なにを変なことをいう、とふつうは思うに違いないのである。環境とはあっちの話だと思っている。そういう人が多いはずである。あっちではない。じつはこっちなのである。

　ふつうに自然というとき、それは人体ではない。外の自然を指している。（　Ａ　）、それは身体を考慮からはずしていいということではない。内なる自然もまた、立派な自然である。その意味でこそ、「人間は自然」なのである。

（養老孟司『いちばん大事なこと―養老教授の環境論』による）

※　細菌叢＝細菌の集団

※　玉砕＝全力で戦い、名誉を守って潔く死ぬこと

問一　――部ａ～ｄのカタカナを漢字に改めよ。

問二　（　Ａ　）（　Ｂ　）に入る最も適当な語をア～エから選び、記号で答えよ。

ア　しかし　**イ**　すると

ウ　つまり　**エ**　したがって

問三 ――部①は、なぜ「雑草というの」か。本文中の言葉で空欄を埋めて答えよ。

人間が（ **ア** ）ものではなく、（ **イ** ）ものだから。

問四 ――部②「人工」であることを意識させる最も適当な事項をア～オから選び、記号で答えよ。

ア 髪が伸びる。

イ 眠くなる。

ウ 爪が伸びる。

エ お腹がすく。

オ 髪を染める。

問五 ――部③「死んだ人を火葬すれば、じつは一億玉砕である。」とはどうしてか。最も適当な一文を抜き出し、はじめの五文字で答えよ。

問六 ――部④「その意味」での「その」は、何を指すか。本文中から三文字で抜き出して答えよ。

問七 ――部⑤「身体は川と同じである。」とはどういうことか。三十字以内で説明せよ。

問八 「環境問題」は、なぜ発生すると作者は指摘しているか。三十字以内で答えよ。

二　次の文章を読んで、あとの問いに答えなさい。

（注）テレビドラマ『北の国から』は、妻と離婚し、北海道に移り住んだ父と子二人の物語である。以下の文章はそのシナリオで、「　」の上の名前はその人物の会話であることを示し、それ以外はテレビカメラがその人物や情景を映していることを意味している。

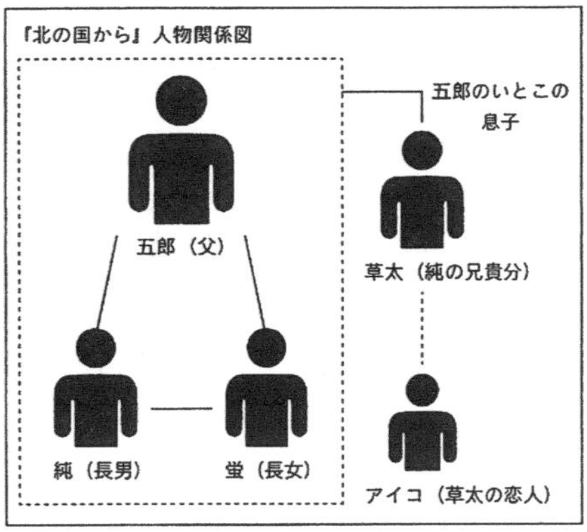

（あらすじ）
中学三年生の長男、純は父親の五郎を喜ばせようと誕生日プレゼントに父には内緒で風力発電を自宅に作製していたが……。

純　「（ニッコリ）おどろいた？」
五郎　「――」
純　「なぜこれうまくいったかわかる？」
五郎　「――」
純　「プロペラの代りに古い鍋使ってさ、少しの風でもまわるようにしたんだ。それがミソ。今度はさ、交流で電気来てるから、いい、ホラふつうのこういうラジオも」
　スイッチ入れる。
　流れ出す音楽。
純　「ね！　電気製品たいがい使えるよ。容量[a]は少ないけどヒーターなんかも」
五郎　「（低く）消せ」
純　「エ？」
五郎　「その音を消せ」
純　「――」
　純、ラジオを消す。
　五郎。
　間。
　ゆっくりジャンパーをぬぐ。
五郎　「お前にききたいことがある」
純　「――何」
五郎　「――東京に行くのか」
　入って来た蛍、棒立ちになる。
　純。
五郎　「行くンだろ来春中学出たら」

純「いや、それは」

五郎「行きたければ行けばいい。反対なンかしない」

純「――」

蛍。

五郎「ただ――」

純「――」

五郎「オレは――」

草太「(入る) おじさんこの豚、今朝つぶしたやつ――」

五郎「――」

草太「どうしたの」

五郎「オレは心のせまい男だから、①お前のやり方にひっかかってる」

純「――」

五郎「どうしてオレに何の相談せず、ほかのみんなには相談するンだ」

蛍。

五郎「なぜ父さんにだけ相談がない」

純「――いや」

五郎「オレはそんなにb頼りにならんか」

純「ちがいます」

五郎「じゃあなぜまっ先にオレにいわない」

蛍。

草太。

純「いえませんでした」

五郎「どうして」

純「だって――父さんが――困ると思ったから」

五郎「困る?――どうして」

純「――」

五郎「どうしてオレが困る」

純「――」

五郎「それは金のことをいっているのか」

純「いや――②それだけじゃなく」

草太「おじさん、いいべさ、まアその話は」

急に表に行こうとする純。

五郎、その純の腕をつかむ。

純「(低く、冷静に) 父さん落着いてよ。今夜はその話いいじゃない」

純、父の手を静かに放す。

五郎「(かすれる) 無礼なことというな。オレは落着いてる」

純「――」

五郎「はっきりしよう。父さんはそんなに頼りないのか」

アイコ「(とびこむ) 草ちゃんこのタレ」

気づいて黙る。

表へ行こうとする純。その手をふたたびつかむ五郎。

純「やめてよみんなが来てるのに」

五郎「純」

純「それより今日は誕生日じゃない。ぼくは今日のために何日もかけて風力発電やっと作ったンだ。（ふるえる）どうしてもっとよろこんでくれないの」

五郎「※大里のうちに入りびたってか」

純「――」

五郎「あすこの娘に手伝わしてか」

純。

――ゆっくり父の手をほどく。

純「（　Ａ　）情けない」

五郎「何？」

純（行こうとする）

五郎「（　Ｂ　）何が情けない」

純、手をふりほどきギラッと父を見る。

純「父さんがさ」

五郎「オレがどうしてなさけない！」

草太「おじさん」

純「（　Ｃ　）情けないじゃないか！　父さん[c]近頃本当に情けないよ！　ボクがここから出たいンだってそういう父さんを見たくないからさ！」

草太「純！」

五郎「ちょっと待て」

純「（　Ｄ　）父さん――。どうして――よろこんでくれないの？」

五郎「――」

純「一生懸命――ボクやったのに――。父さんに――。よろこんでもらえると思って――風力発電――一生懸命」

五郎「話をすりかえるな」

純「すりかえてなんかいないよ」

五郎「すりかえてるじゃないか」

純「③すりかえてるのは父さんじゃないか！　今夜は父さんの――誕生日だから――」

蛍「お兄ちゃん――」

純。

涙がつき上げ、バッと外へ出る。

草太「純！（追う）」

表

月光。

走る純。

[d]猛然と追う草太。

牧草地

走る純。

草太ようやく追いつき、つかまえて一緒にひっくり返る。

背中をまるめた純の※慟哭《どうこく》。

草太。

――かけてやる言葉がない。

煙草《たばこ》を出して口にくわえる。

間。

草太　「純」

純　「――」

草太　「まア落着け」

純　「――」

草太　「煙草すうか」

純　「――」

草太　「まだやってねえのか」

純　「――」

草太　「オラア中三で初めてすった」

純の慟哭、やっと落着く。

間。

草太　「（ポツリ）④おやじさんの気持ち、オラにはわかるぞ」

純　「――」

草太　「男は見栄《みえ》で生きてるもンだ」

純　「――」

間。

草太　「いくつになっても男は見栄だ」

純　「――」

間。

草太　「お前が、おじさんが困ると思って相談しなかった気持ちァわかる。したっけおじさんのいちばんつらいのは、そういうふうに見られてるってことだ」

純　「――」

草太　「息子のお前にいたわられてるってことだ」

純　「――」

草太　「男はだれだっていたわられりゃ傷つく」

純　「――」

草太　「それが男だ」

純　「――」

草太　「本当の男だ」

サイレン、どこかでかん高く鳴りだす。

草太　「そこをよく考えろ（顔起こす）」

純　「――」

（倉本聰『北の国から』による）

※ 大里のうち＝純が親しくしている娘の実家

※ 慟哭＝悲しみに耐えきれないで大声をあげて泣くこと。

問一 ―――部ａ～ｄの漢字の読みを答えよ。

問二 ―――部①「お前のやり方」について説明した次の文章の中で、最も適当なものをア～エから選び、記号で答えよ。

ア 東京行きのことより風力発電の作製を優先したやり方。

イ 中学卒業後に東京へ行くことを決めたやり方。

ウ 誰にも相談せず一人で東京行きを決めたやり方。

エ 東京行きを父親にだけ相談しないというやり方。

問三 ―――部②「それだけじゃなく」について

(1) 「それ」は何を指しているか。

(2) ほかの理由について十五字程度で答えよ。

問四 （Ａ）～（Ｄ）に入る最も適当なものをア～オから選び、記号で答えよ。

ア つかむ　**イ** 涙があふれる　**ウ** ニッコリ

エ 小さく　**オ** 叫ぶ

問五 ―――部③「すりかえてるのは父さんじゃないか！」とあるが、五郎と純と、それぞれが聞きたいと思っていることは何か。それぞれ十五字程度で説明せよ。

問六 ―――部④「おやじさんの気持ち」について、どのような気持ちか。二十字程度で答えよ。

三　次の文章を読んで、あとの問いに答えなさい。

豊前《ぶぜん》の国の住人太郎入道とAいふものありけり。※男なりける時、つねに猿を射けり。或《あ》る日、山をすぐるに大猿ありければ、木におひのぼせて射たりけるほどに、※かせぎに射てけり。①すでに木よりおちんとしけるが、(落ちようとしたが、)何とやらん物を(何であろうかある物を)②木のまたに置くやうにするを見れば、子猿なりけり。おのがBきずを負ひてつちに③おちむ(自分が傷を負って地面に落ちよう)とすれば、子猿を負ひたるをたすけんとて(助けようとして)、木のまたにすゑんとしけるなり。子猿はまた、母につきてはなれじとしけり(離れまいとした)。④かくたびたびすれども、なほ子猿とりつきければ、⑤もろともに地におちにけり。それよりながく猿を射る事をばとどめてけり(やめてしまった)。

(『古今著聞集《ここんちょもんじゅう》』による)

※　男＝出家していない男。
※　かせぎ＝木のまた。

問一　——部A「いふもの」、——部B「きずを負ひて」をすべてひらがなで、現代仮名遣いに直して書け。

問二　——部①「すでに」、——部⑤「もろともに」の本文中での意味として最も適当なものをア～エから選び、それぞれ記号で答えよ。

①　ア　とっくに　イ　今にも
　　ウ　すっかり　エ　先ほどから

⑤　ア　そのまま　イ　直接
　　ウ　激しく　エ　そろって

問三　——部②「木のまたに置くやうに」とあるが、何を置いたのか。本文中より抜き出して答えよ。

問四　——部③「おちむ」の主語を、本文中より抜き出して答えよ。

問五　——部④「かくたびたびすれども」とあるが、具体的にはどういうことをしたのか。説明をした次の文の空欄にあてはまる最も適当な語を、本文中より十字以内で抜き出して答えよ。

大猿が子猿を、（　　　）とした。

問六　この文章のテーマと関連のある最も適当なものをア～エから選び、記号で答えよ。

ア　弓術の悲哀

イ　母子猿の相愛

ウ　動物への愛護

エ　けなげな童心

四

次の問いに答えなさい。

問一 次の（　）に漢字を入れて下の意味の四字熟語を完成させよ。

① 言語（　　）　もっての外であること。

② 心機（　　）　あることを契機に気分を入れ替えること。

③ 馬耳（　　）　人の意見を聞かずに聞き流すこと。

問二 次の1～3の――部の敬語の使い方で、適当な場合は〇で答えよ。適当でない場合はア～ウから最も適当なものを選び、記号で答えよ。

1 （客に）

「メニューをお持ちになりますのでお待ちください。」

ア お持ちになられる　**イ** お持ちします

ウ お持ちにうかがいます

2 （電話で）

「母がよろしくとおっしゃっていました。」

ア 申して　**イ** お話になって

ウ 話されて

3 （客に）

「この商品は大変お求めになりやすい価格となっております。」

ア お求められやすい　**イ** お求めやすい

ウ お求め申し上げやすい

問三 次の（　）に適切な語句を漢字で書き、慣用句を完成させよ。また、それぞれの意味として最も適当なものをア～カから選び、記号で答えよ。

1 （　　）をかぶる

2 （　　）の一角

ア たくさんの人が参加すること

イ 知名度が高く、特別な扱いを受けること

ウ 表面にあらわれているのはほんの一部分であること

エ よくない所業をやめること

オ あまりにひどくて無視できないこと

カ 本性を隠しておとなしそうにすること

問四　次の――部の「られる」と同じ意味用法のものとして最も適当なものをア～エから選び、記号で答えよ。

彼女のいいところはいくらでも挙げられる。

ア　社長が部屋に入って来られる。

イ　彼を見て将来が案じられる。

ウ　この模型なら組み立てられる。

エ　友達からほめられる。

問五　「列」という漢字の部首名をひらがなで答えよ。

令和４年度

樟南高等学校入学者選抜学力検査問題

数　学 (50分)

※　答えはすべて別紙解答用紙に書きなさい。

※　解答用紙の下の「わく」の中に受検場と受検番号を書きなさい。

1 次の計算をしなさい。

(1)　$13+9-12$

(2)　$5-39\div 3$

(3)　$3\div\dfrac{9}{2}-\dfrac{1}{6}$

(4)　$3.4\times 7-4.9$

(5)　$\dfrac{3x-y}{2}-\dfrac{4x-y}{3}$

(6)　$a(a+4)-(a-1)^2$

(7)　$3ab^3\div 6a^2b\times 4a^3b^2$

(8)　$3\sqrt{12}-\dfrac{24}{\sqrt{3}}+\sqrt{27}$

2 次の問いに答えなさい。

(1)　1 次方程式 $3(2x-5)=8x-3$ を解け。

(2)　$4x^2-9y^2$ を因数分解せよ。

(3)　連立方程式 $\begin{cases} 5x+y=7 \\ 3x-y=9 \end{cases}$ を解け。

(4)　2 次方程式 $x^2-5x-4=0$ を解け。

(5)　大小 2 個のさいころを同時に投げるとき，出る目の積が 25 以下になる確率を求めよ。

(6)　A 町から B 町までを往復した。行きは毎分 80m で，帰りは毎分 50m の速さで歩いたら往復にかかった時間は 52 分だった。A 町から B 町までの道のりを求めよ。

(7)　3 桁の自然数のうち，各位の数の和が 6 になる数は全部で何個あるか。

(8)　右の図で点 A から円 O に引いた接線を AB，AC とするとき，$\angle x$ の大きさを求めよ。

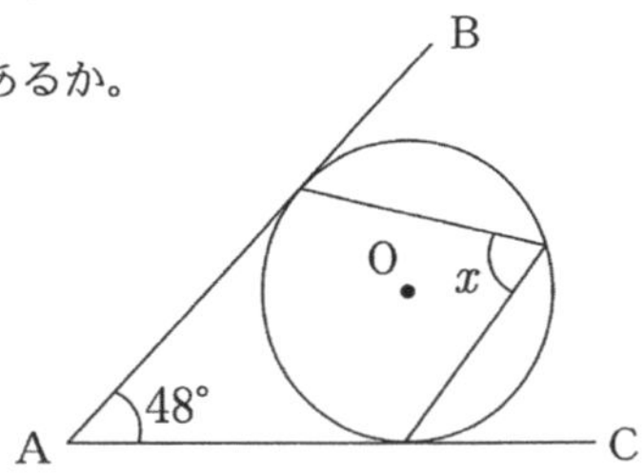

(9)　右の表は，ある中学校の生徒 40 人について，休日のインターネットの使用状況の記録を度数分布表に整理したものである。この度数分布表からわかることとして正しいものを，下の**ア～オ**からすべて選べ。

ア　最頻値は，60 分である。
イ　階級の幅は，180 分である。
ウ　中央値は，60 ～　80 の階級に含まれる。
エ　60 分未満の人数は，全体の 45% である。
オ　120 分以上の相対度数は，20 である。

時間(分)	度数(人)
0 以上　20 未満	2
20 ～　40	6
40 ～　60	10
60 ～　80	4
80 ～ 100	2
100 ～ 120	8
120 ～ 140	6
140 ～ 160	0
160 ～ 180	2
計	40

3 右の図のように，2つの関数 $y=\frac{a}{x}$ …① と $y=\frac{1}{2}x^2$ …② のグラフが，x 座標が2である点Aで交わっている。点Aと x 座標が等しい x 軸上の点をBとする。①上に点C，②上に点Dをとり，△ABCの面積が2であるとき，次の問いに答えなさい。

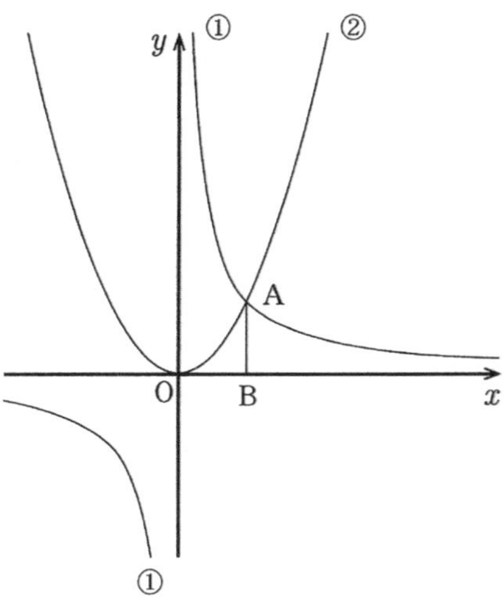

(1) a の値を求めよ。

(2) 点Cの座標を求めよ。

(3) △BCDの面積も2となるような，点Dの座標を求めよ。ただし，点A以外の点とする。

(4) (3)のとき，△OADを x 軸のまわりに1回転してできる立体の体積を求めよ。ただし，円周率を π とする。

4 △ABCの3辺の長さをAB＝4 cm, BC＝5 cm, CA＝6 cmとし，∠BACの二等分線と辺BCとの交点をDとする。図のように3点A，B，Cを通る円とADの延長との交点をEとするとき，次の問いに答えなさい。

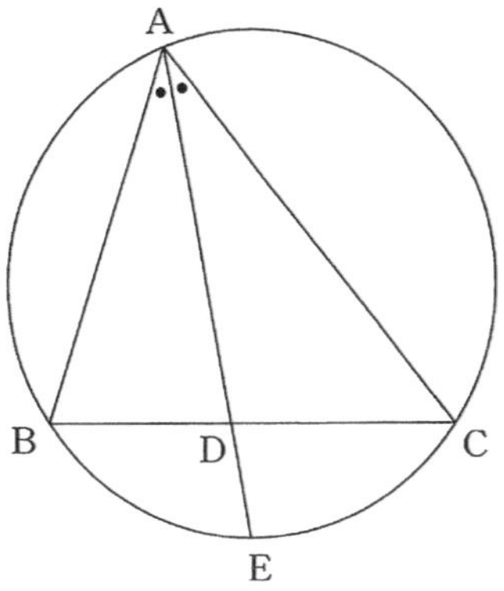

(1) BD：DCを求めよ。

(2) 線分DE，ADの長さをそれぞれ x，y とするとき，xy の値を求めよ。

(3) 線分DEの長さを求めよ。

5 右の図のような立方体 ABCD−EFGH について，次の問いに答えなさい。

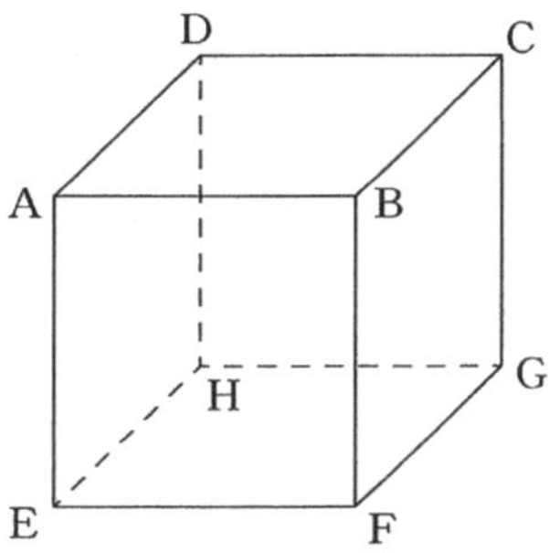

(1) 立方体の辺上を頂点 A から頂点 G まで，同じ頂点を通ることなく進む方法は，全部で何通りあるか。

(2) 8 個の頂点から異なる 3 点を結んでできる三角形を考えるとき，正三角形は全部で何通りあるか。

(3) 1 辺の長さを 4 cm とする。辺 AB，辺 BC の中点をそれぞれ M，N とし，3 点 E，M，N を通る平面でこの立体を切り，2 つに分けるとき，次の問いに答えよ。

(ア) 切り口の面積を求めよ。

(イ) 2 つの立体のうち点 F を含む方の立体の体積を求めよ。

令和4年度

樟南高等学校入学者選抜学力検査問題

英　語　(50分)

※　答えはすべて別紙解答用紙に書きなさい。

※　解答用紙の下の「わく」の中に受検場と受検番号を書きなさい。

1 次の各文の(　　　)に入る最も適切な語(句)を下のア～エから１つ選び，記号で答えなさい。

1 (　　　) did you have for lunch? — I had pancakes and milk.
ア What　　イ How　　ウ When　　エ Where

2 What (　　　) is it? — It's eight o'clock.
ア weather　　イ day　　ウ time　　エ place

3 He usually listens to the radio, but now he (　　　) television.
ア watch　　イ watches　　ウ watched　　エ is watching

4 Hurry up, (　　　) you'll miss the bus.
ア and　　イ or　　ウ but　　エ because

5 If I (　　　) you, I wouldn't say such a thing.
ア am　　イ are　　ウ were　　エ will be

2 次の各日本文の意味を表すように(　　　)内の語(句)を正しく並べたとき，(　　　)内で３番目と５番目にくる語(句)を記号で答えなさい。ただし，文頭にくる語(句)も小文字で示してある。

1 何人兄弟ですか。
(ア you　　イ many　　ウ do　　エ brothers　　オ have　　カ how)?

2 あそこに座っている人は二刀流のスター選手翔平です。
(ア over　　イ is　　ウ the man　　エ there　　オ two-way star Shohei　　カ sitting).

3 オリンピックで金メダルを取ることは容易ではない。
(ア win　　イ it's　　ウ a gold medal　　エ to　　オ easy　　カ not) in the Olympic Games.

4 これは私が妹と作った犬小屋です。
This is (ア I　　イ the doghouse　　ウ with　　エ which　　オ made　　カ my sister).

5 鹿児島は温泉が多くあることで有名です。
(ア many hot springs　　イ famous　　ウ its　　エ is　　オ Kagoshima　　カ for).

3 次の各組の英文がほぼ同じ意味になるように，(　　　)に適切な語を入れなさい。

1 { He can swim well.
He is (　　　) (　　　) swim well.

2 { I began to live in Kagoshima five years ago.
I (　　　) (　　　) in Kagoshima for five years.

3 { She drives very carefully.
She is a very (　　　) (　　　).

4 { I will go fishing at the Sendai River.
I will go to the Sendai River (　　　) (　　　).

5 { They say that his father is a teacher.
It (　　　) (　　　) that his father is a teacher.

4 次の英文を読んで，各問いに答えなさい。

Different cultures understand time in different ways. Think about (1) catch the train. Imagine the train leaves at 9 a.m. You are one minute late to the station. In Japan, the train would be gone. In other countries, there is a good chance that the train is running late. So you can still catch it.

In my first year in Japan, I (2) hold a party for my Japanese students. I told them that the party started at 8 p.m. It is common in the UK for friends to arrive to a party fifteen minutes late. At 8 p.m., there was a knock on the door. I answered and my students were outside. I said, "(3) You are fifteen minutes early!"

One of my friends went to see his son graduate from *kindergarten. He arrived a few minutes early to the *ceremony. (4) He was shocked to find he was late. Everybody was already sitting down and waiting for the ceremony to begin!

(注) kindergarten 幼稚園　　ceremony 式典

(*Culture Shock in Japan*, Macmillan Language House から一部改変)

問 1 下線部(1)，(2)の語を適切な形にせよ。

問 2 下線部(3)のように筆者が言った理由を日本語で答えよ。ただし，与えられた日本語から始めること。

イギリスでは（　　　　　　　　　　　　　　　　　　　　）。

問 3 下線部(4)の理由を日本語で答えよ。

5 次の会話文を読んで，文中の [1] ～ [5] に入る最も適切なものを下のア～キから1つずつ選び，記号で答えなさい。

Bob, a shop clerk, is talking to Tim, a customer.

Bob : Good afternoon, [1]
Tim : Yes, I'm looking for *hammers. [2]
Bob : They are over here. What do you need them for?
Tim : [3] I can't find my old one.
Bob : So, you need a carpenter's hammer, don't you?
Tim : [4] I want a small and light one.
Bob : How about this one?
Tim : It feels good, but [5]
Bob : Then you like this one, I believe. It is the lightest *model in our shop.

(注) hammers 金づち model (機械などの)型，デザイン

ア I'm building a doghouse.
イ can I help you with anything?
ウ Where can I find them?
エ can you ask?
オ Yes, exactly.
カ maybe not.
キ it's still too heavy.

6 次の英文を読んで，各問いに答えなさい。

Mia's father had a *laboratory, but she had no idea what was in it. Her dad always closed and locked the door when he went in. She knew that he used it to do *projects for work. She was interested (1) the other side of the closed door. So she wanted to know about the work, but he never told Mia what these projects were.

One night, Mia went to the door to the laboratory. She stopped and thought, "I wonder what *crazy *experiment he is doing now." Suddenly, she heard a loud noise. It sounded like an *evil laugh. She was very surprised and felt *scared. She walked quickly back to her room. (2) She was too scared to sleep that night.

The next night, her friend Liz came to her house. When Liz arrived, Mia told her about the night before. "Oh, it was terrible," she said.

"(3) (ア in there イ don't ウ why エ what オ is カ see キ we)?" Liz asked. "It will be a fun adventure!"

Mia felt nervous about going into her father's laboratory, but she agreed. As always, the door was locked. They waited until Mia's father left the laboratory to eat dinner. "He didn't lock the door!" Liz said. "Let's go."

The girls entered the laboratory in secret. It was very dark, so they couldn't see anything.

They walked down the stairs carefully. Mia smelled strange *chemicals. What terrible thing was her father creating?

Suddenly, they heard an evil laugh. It was worse than the (4) one Mia heard the night before. *What if a monster was going to kill them? They were *frozen with *fear. Mia had to do something and shouted for help.

Mia's father ran into the room and turned (5) the lights. "Oh, no," he said. "You learned my secret."

"What are you making here? Your monster tried to kill us," Mia said.

"Monster?" he asked. "You mean this?" He had a pretty doll in his hands. The doll laughed. The laugh didn't sound so evil any more. "I made this for your birthday. I wanted to give it to you then, but you can have it now. (6)"

(*4000 ESSENTIAL ENGLISH WORDS 1,* Compass Publishing から一部改変)

(注) laboratory 実験室　projects 計画　crazy 正気でない　experiment 実験
evil 悪魔のような　scared 怖い　chemicals 化学薬品
What if ～? もし～したらどうしよう　frozen freeze (凍る) の過去分詞形
fear 恐怖

問1 （　1　），（　5　）に入る適切な語をア～カから1つずつ選び，記号で答えよ。

ア　off　　イ　with　　ウ　on　　エ　out　　オ　in　　カ　at

問2 下線部(2)とほぼ同じ意味となるように以下の英文の（　　）を埋めよ。

She was (　　) scared (　　) she (　　) sleep that night.

問3 下線部(3)が「何がそこにあるか見ようよ。」という意味を表すように（　　）内の語(句)を正しく並べたとき，3番目と5番目にくる語(句)を記号で答えよ。ただし，文頭にくる語(句)も小文字で示してある。

問4 下線部(4)が指す内容を，本文中から抜き出して2語で答えよ。

問5 （　6　）に入る最も適切な英文をア～エから1つ選び，記号で答えよ。

ア　You can't surprise me.

イ　I hope you like it.

ウ　I didn't know you wanted to enter the room.

エ　You have to lock the door.

問6 次の質問に英語で答えよ。ただし，答えは与えられた英文の続きから書くこと。

質問　When did Mia and Liz go into the laboratory?

答え　They went into the laboratory (　　　　　　　　).

問7 本文の内容として適切なものをア～オから2つ選び，記号で答えよ。

ア　Mia would like to know about what was in the laboratory.

イ　When Mia and Liz were in the laboratory, they smelled something burning.

ウ　Mia's birthday has not come yet, but her father gave her a present.

エ　Liz came to Mia's house because Liz wanted to do experiments with Mia and her father.

オ　A monster which Mia's father made in the laboratory killed her friend.

7 次の英文を読んで，各問いに答えなさい。

"How are you?" is a nice question. It's a friendly way that many people greet each other. But "How are you?" is also a very unusual question. It's a question that often doesn't have an answer.

When a person meets a friend on the street and asks "How are you?" the person doesn't really want to hear an answer such as "I really don't know (1) (ア me イ is ウ what エ with オ wrong). I thought I had a cold. I took some medicine, but that didn't help much, so I have to go to a hospital." The person who asks "How are you?" wants to hear the answer "Fine," even if the other person isn't (2)! The reason is that "How are you?" isn't really a (3), and "Fine" isn't really an answer. They are simple ways of greeting people and saying "(4)"

Sometimes, people also don't say exactly what they mean. For example, when someone asks "Do you agree?," the other person might be thinking "No, I disagree. I think you're wrong." But (5) it isn't very polite to disagree so strongly, so the other person might say, "I'm not so sure." It's a nicer way to say that you don't agree with someone.

People also don't say exactly what they are thinking when they finish *conversations with other people. For example, many conversations over the phone end when one person says, "I have to go now." Often, the person who wants to finish the phone conversation gives an *excuse: "Someone's at the door." "I have to *put away the *groceries." "Something is burning on the stove!" The excuse might be real, or it might not be. Perhaps the person who wants to finish simply doesn't want to talk any more, but it isn't very polite to say (6) that. The excuse is more polite, and it doesn't hurt the other person's feelings.

*Whether they are greeting each other, talking about an opinion, or ending a conversation, people often don't say exactly what they are thinking. It's an important way that people try to be nice to each other, and it's all part of the game of language!

(*Express Ways 2*, Pearson Longman から一部改変)

(注) conversations 会話　excuse 言い訳　put away ～ ～を片付ける
groceries 食料品　Whether ～, ～であろうと

問1　下線部(1)の(　　　　)内の語を，本文の内容と合うように並べたとき，3番目にくる語を記号で答えよ。

問2　(　2　)，(　3　)に入る最も適切な語を，それぞれ本文中から抜き出して答えよ。

問3　(　4　)に当てはまる最も適切な語をア～エから1つ選び，記号で答えよ。

ア　What?　　イ　Hello.　　ウ　Yes.　　エ　Oh!

問4　下線部(5)が指すものを本文中から抜き出して答えよ。

問5　下線部(6)が指す内容を日本語で答えよ。

問6　次の1，2について，本文の内容として適切なものをア～ウから1つずつ選び，記号で答えよ。

1　When a person says, "I have to go now.　Someone is at the door," the person may be________.

ア　giving an excuse

イ　hurting someone's feelings

ウ　talking to a person at the door

2　One of the rules of the game of language is probably________.

ア　"Always say what you mean."

イ　"Don't diagree with people."

ウ　"Be polite."

問7　本文の内容に合うものをア～オから2つ選び，記号で答えよ。

ア　"How are you?" is a question people use to begin a conversation.

イ　When you ask "How are you?" you want to hear about the other person's health.

ウ　It's polite to disagree with another person.

エ　"I'm not so sure." is a polite way to say you disagree.

オ　All telephone conversations end when one person says, "I have to go now."

令和4年度

樟南高等学校入学者選抜学力検査問題

理　科　(50分)

※　答えはすべて別紙解答用紙に書きなさい。

※　解答用紙の下の「わく」の中に受検場と受検番号を書きなさい。

1 細胞が分裂する様子の観察について，以下の各問いに答えなさい。

(1)　**図1**は光学顕微鏡を横から見た模式図である。
図中の**ア**，**イ**の部分の名称を答えよ。

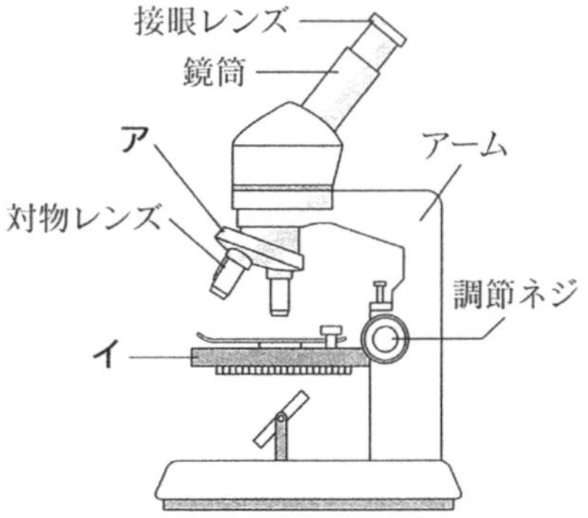

図1

(2)　顕微鏡で紙に印刷した「G」の文字を見たとき，どのように見えるか。適当なものを，次の**ア**～**エ**から1つ選び，記号で答えよ。

(3)　顕微鏡に接眼レンズをつけ，10倍と40倍の同じ型の対物レンズでプレパラートを観察した。
　このときの記述として，適当なものを，次の**ア**～**エ**から1つ選び，記号で答えよ。

ア　40倍の対物レンズの方が10倍のものよりも，試料が明るく見える。
イ　プレパラートを動かさないで観察できる範囲は，対物レンズの倍率を変えても変わらない。
ウ　プレパラートにピントが合ったとき，40倍の対物レンズの方が対物レンズとプレパラートの間の距離が短い。
エ　プレパラートを右に動かすと，顕微鏡の像は，10倍では左に，40倍では右に移動する。

(4)　光学顕微鏡で細胞分裂の様子を観察したところ，**図2**のような細胞が見られた。分裂の状態が異なる5個の細胞を選びa～eとした。

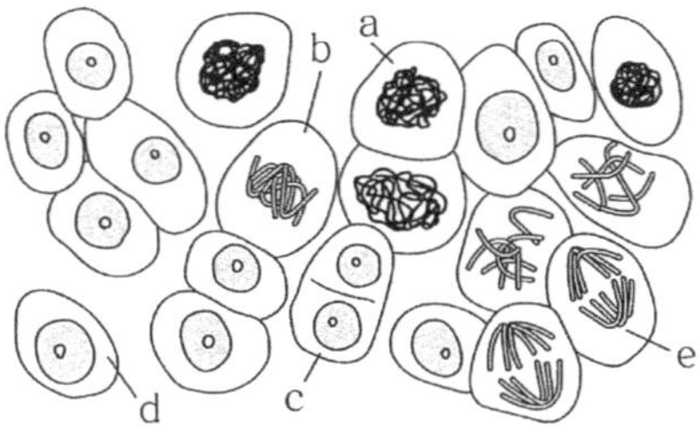

図2

①　**図2**中のbやeの細胞内に見られる，太く短いひも状の物体は何と呼ばれるか。

②　**図2**中のa～eの細胞を，dを最初として，分裂の時期の順番に並べよ。

③　これらの細胞を観察するには，見やすくするために染色をする。染色に使う染色液の名称を答えよ。

④　**図2**のような細胞分裂の状態を植物の根を使って観察するとき，どの部分を使うのが適当か。
図3の**ア**～**エ**から1つ選び，記号で答えよ。

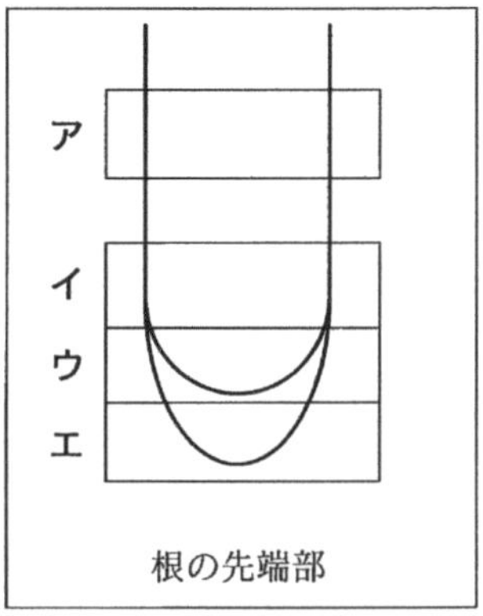

図3

2 動物を**ア**～**キ**のような体のつくりなどの特徴で，**図**のようにグループ分けしてみた。以下の各問いに答えなさい。なお，図中の①～⑤に入る動物は，ウサギ，ハト，エビ，トカゲ，ミミズのいずれかである。

ア 卵をうむか子をうむか
イ 背骨があるかないか
ウ 皮膚にウロコがあるかないか
エ 節のある脚があるかないか
オ 外とう膜があるかないか
カ えら呼吸か肺呼吸か
キ 恒温か変温か

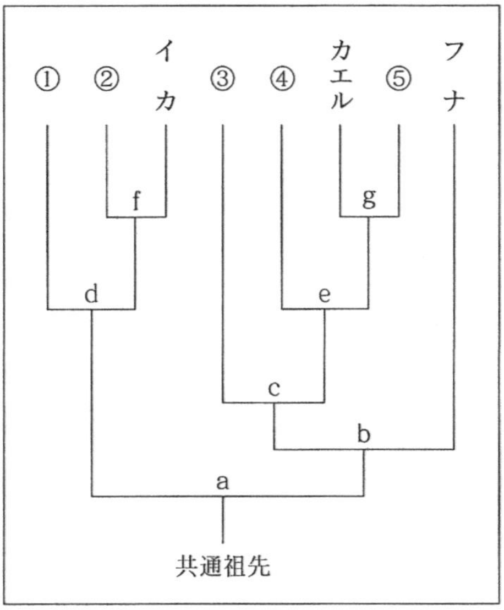

図

(1) **図**中のａとｃにあてはまる条件を，**ア**～**キ**から1つずつ選び，記号で答えよ。

(2) ハトとエビが入るのはどこか。それぞれ適当な場所を①～⑤から1つずつ選び，記号で答えよ。

(3) ハチをいれるとすると，①～⑤のどのグループに入るか。

(4) トカゲやヘビの仲間を何類と呼ぶか。

(5) 魚類や鳥類のように卵をうむ動物では，卵から子がかえり，このような子のうまれ方を卵生と呼ぶ。一方，ホニュウ類の子は母親の体内である程度育ってからうまれるが，このようなうまれ方を何というか。

(6) ホニュウ類の子の育て方で，他の動物には見られない特徴は何か。

3　次の**天気図**は気象庁が発表した令和３年７月２日９時のデータに基づいたものである。以下の各問いに答えなさい。

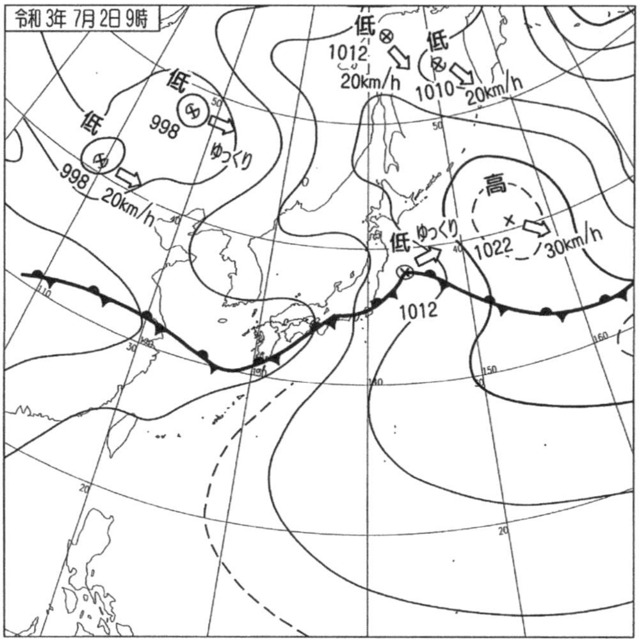

天気図（出典：気象庁ホームページ）

(1)　次の文は，空気の流れについてまとめたものである。文中の①～③に入る適当な語の組み合わせを，次の**ア**～**カ**から１つ選び，記号で答えよ。

地表付近の空気はあたためられると（　①　）して密度が小さくなる。すると，地表の気圧が（　②　）なり，周りから空気が流れ込んで（　③　）気流が発生する。

	①	②	③		①	②	③
ア	圧縮	高く	上昇	**エ**	膨張	高く	下降
イ	圧縮	高く	下降	**オ**	膨張	低く	上昇
ウ	圧縮	低く	上昇	**カ**	膨張	低く	下降

(2)　気圧の単位は「hPa」と表記する。この正しい読み方をカタカナで記せ。

(3)　**天気図**中の中央にある停滞前線は，ある２つの気団がふれあってできている。この気団の名称を２つとも書け。

(4)　**天気図**中の中央にある停滞前線は秋にも似たような前線が現れることがある。秋に現れる停滞前線の名称を特に何というか。

(5)　乾いた土の平面に，降雨によって水たまりが生じた。この降雨で $200m^2$ の乾いた土の平面に 3mm の降水があり，そのうち 10% が完全に地中に浸透したとすると，浸透した水の量は何Ｌになるか。ただし，水たまりの水の蒸発による影響は考えないものとし，$1m^3 = 1000L$ とする。

4 下の**表**は，太陽のまわりを公転する惑星についてまとめたものである。これについて，以下の各問いに答えなさい。

表

惑星	太陽からの距離（注1）	公転の周期[年]	直径（注2）	密度[g/cm^3]
水星	0.39	0.24	0.38	5.43
金星	0.72	0.62	0.95	5.24
地球	1.00	1.00	1.00	5.51
火星	1.52	1.88	0.53	3.93
木星	5.20	11.86	11.21	1.33
土星	9.55	29.53	9.45	0.69
天王星	19.22	84.25	4.01	1.27
海王星	30.11	165.23	3.88	1.64

（理科年表　2019 年を一部改変）

(注1) 太陽と地球の距離を1.00とする。
(注2) 地球の直径を1.00とする。

(1)　太陽から遠くにある惑星ほど，どのような特徴があるか。適当なものを，次の**ア**～**エ**から 1 つ選び，記号で答えよ。

ア　公転の周期が長い。　**イ**　密度が大きい。　**ウ**　表面の温度が高い。　**エ**　質量が大きい。

(2)　密度が水より小さい惑星はどれか。**表**の中の惑星から 1 つ選び，答えよ。

(3)　火星と木星の軌道の間にあり，岩石でできた天体を何というか。

(4)　太陽からもっとも遠くにある惑星は地球から青く見える。その原因の一つとされている物質はどれか。適当なものを，次の**ア**～**エ**から 1 つ選び，記号で答えよ。

ア　窒素　**イ**　酸素　**ウ**　二酸化炭素　**エ**　メタン

(5)　月が地球のまわりを公転しているように，惑星のまわりを公転している天体を何というか。漢字で答えよ。

(6)　太陽から海王星までの距離が 100cm である太陽系の模型を作ると，太陽からの地球の距離はおよそ何 cm か。小数第二位を四捨五入し，小数第一位まで求めよ。

5 電池のしくみを調べるため，次の**実験 1**，**2** を行った。この実験に関して，以下の各問いに答えなさい。

実験 1 **図 1** のように，水溶液としてうすい塩酸を用い，この中に銅板と亜鉛板を入れ，プロペラつきモーターに導線でつないだところ，モーターが回転しプロペラが回った。しばらくプロペラを回しておき，銅板と亜鉛板のようすを観察した。このとき，銅板の表面からは気体が発生していた。**図 2** は，そのときの銅板のようすである。

その後，水溶液から銅板と亜鉛板をとり出し，表面のようすを観察した。銅板の表面は変化が見られなかったが，亜鉛板の水溶液につかっていた部分は，表面がざらついていた。**図 3** はそのときの亜鉛板のようすである。

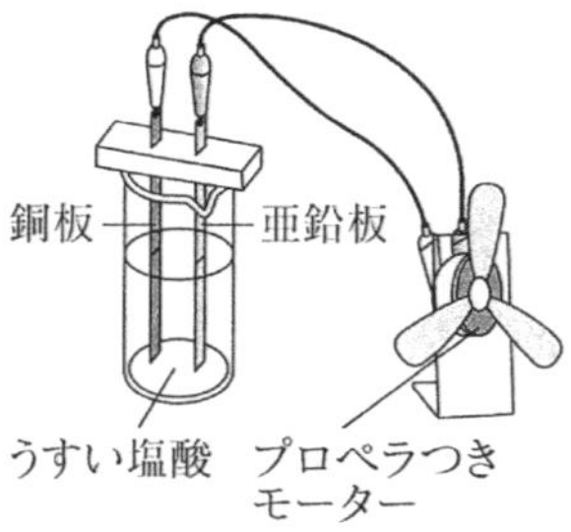

図 1

実験 2 **実験 1** で用いたうすい塩酸をほかの水溶液にかえたり，金属板の組み合わせをかえたりして，**実験 1** と同様の実験を行った。下の**表**は，その結果をまとめたものである。

表

水溶液	金属板	金属板	結果
うすい塩酸	銅	亜鉛	プロペラは回った
食塩水	銅	亜鉛	プロペラは回った
砂糖水	銅	亜鉛	プロペラは回らなかった
エタノール水溶液	銅	亜鉛	プロペラは回らなかった
うすい塩酸	銅	銅	プロペラは回らなかった
うすい塩酸	亜鉛	亜鉛	プロペラは回らなかった
うすい塩酸	銅	アルミニウム	プロペラは回った

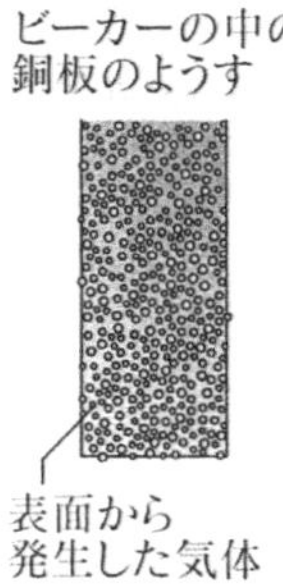

図 2

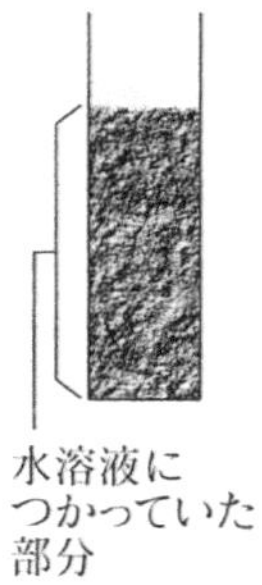

図 3

(1) **実験 1** で，銅板の表面から発生した気体は何か，化学式で答えよ。

(2) **実験 1** の下線部について，亜鉛板ではどのような反応が起こったか。その説明として適当なものを，次の**ア**～**エ**から 1 つ選び，記号で答えよ。

ア 亜鉛が電子を受けとって陽イオンとなり，水溶液中にとけ出した。
イ 亜鉛が電子を受けとって陰イオンとなり，水溶液中にとけ出した。
ウ 亜鉛が電子を放出して陽イオンとなり，水溶液中にとけ出した。
エ 亜鉛が電子を放出して陰イオンとなり，水溶液中にとけ出した。

(3) 次の文章は，**実験 1** で回路に電流が流れる理由を説明したものである。文章中の（ a ）にあてはまることばと（ b ），（ c ）にあてはまる金属の組み合わせとして適当なものを，次の**ア**～**エ**から 1 つ選び，記号で答えよ。

実験 1 で，一方の金属板で生じた電子は，導線を通ってもう一方の金属板へ移動する。電流の向きは（ a ）なので，電流は（ b ）板から（ c ）板に流れることになる。

	a	b	c
ア	電子の移動の向きと同じ	亜鉛	銅
イ	電子の移動の向きと同じ	銅	亜鉛
ウ	電子の移動の向きとは逆	亜鉛	銅
エ	電子の移動の向きとは逆	銅	亜鉛

(4) **図 1** の装置を用いた場合，**実験 1**，**2** の結果から，どのような条件であれば電池ができるか。「水溶液」「金属板」ということばを用いて 20 字程度で答えよ。

K 教英出版

6 酸とアルカリの水溶液を混ぜたときの水溶液の性質の変化を調べるために，**〈実験〉**を行った。以下の各問いに答えなさい。

〈実験〉

操作１　４つのビーカーＡ～Ｄを準備し，それぞれにうすい水酸化ナトリウム水溶液を $10cm^3$ と緑色のBTB溶液を１滴入れる。

操作２　操作１のビーカーＡ～Ｄに，こまごめピペットを使って，うすい塩酸をそれぞれ $5cm^3$, $10cm^3$, $15cm^3$, $20cm^3$ 加えたあと，水溶液の色を観察する。

〈結果〉

	A	B	C	D
水酸化ナトリウム水溶液 (cm^3)	10	10	10	10
加えた塩酸 (cm^3)	5	10	15	20
水溶液の色	青色	緑色	黄色	黄色

(1)　緑色のBTB溶液を加えると青色になる水溶液はどれか。適当なものを，次の**ア～エ**から１つ選び，記号で答えよ。

ア　石けん水　　**イ**　炭酸水　　**ウ**　レモンの果汁　　**エ**　食酢

(2)　こまごめピペットの使い方として最も適切なものはどれか。次の**ア～エ**から１つ選び，記号で答えよ。

ア　　**イ**　　**ウ**　　**エ**

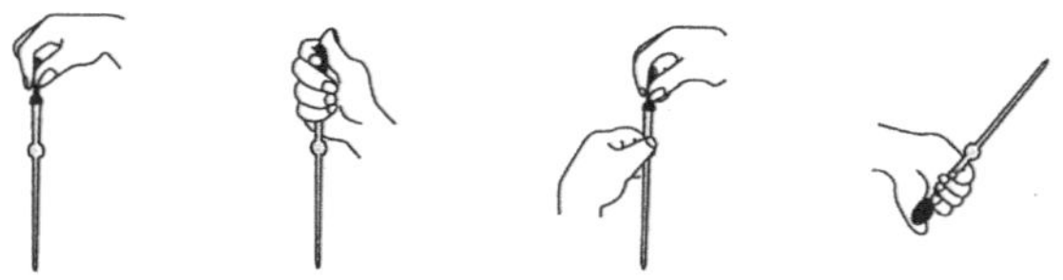

(3)　質量パーセント濃度が1%の塩酸をつくるためには，質量パーセント濃度が10%の塩酸10gに何gの水を加えればよいか。整数値で答えよ。

(4)　操作２のあとの水溶液について説明した文として適当なものを，次の**ア～エ**から１つ選び，記号で答えよ。

ア　ビーカーＡの水溶液にマグネシウムを加えると，気体が発生する。
イ　ビーカーＢの水溶液は中性であり，電気を通さない。
ウ　ビーカーＣの水溶液のpHを測定すると，その値は７より大きい。
エ　ビーカーＤの水溶液を蒸発させると，塩の結晶が残る。

(5)　**図**は，ビーカーＣについて，水溶液に含まれる粒子の種類と数をモデルで示したものである。塩酸に含まれるイオンを○と●，水酸化ナトリウム水溶液に含まれるイオンを□と■，反応によってできた水分子を◎で表している。

①　○，■のモデルに当てはまるイオン式をそれぞれ答えよ。

②　**図**中の (X) には，どれかのモデルが入る。そのモデルのイオン式を答えよ。

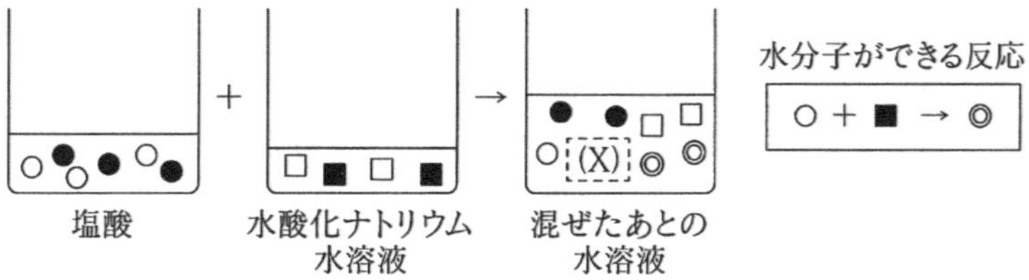

図

7 下の**図**は，凸レンズによる物体の像を調べるための装置を模式的に示したものである。以下の各問いに答えなさい。

図

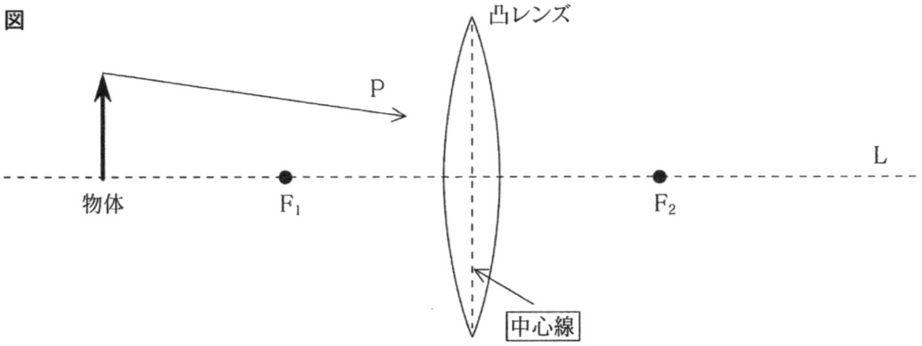

(1) 次の文中の①，②にあてはまる語句を答えよ。

図中の直線Ｌは，このレンズの中心をとおってレンズの面に垂直な直線を表している。これをレンズの(　①　)という。また，**図**中のF_1，F_2はＬに平行な光線がこのレンズをとおった後，１点に集まる点を表していて，これをこのレンズの(　②　)という。

(2) レンズと物体が**図**のような位置関係のとき，レンズをはさんで物体の反対側に置いたスクリーンに，レンズによる物体の像ができた。このとき,物体の先端から出た光線Ｐのみちすじを作図せよ。ただし，レンズによる光線の屈折は，レンズの中心線でおこるものとし，光線Ｐのみちすじの作図に必要な補助線は消さずに残しておくこと。

(3) (2)の状態のとき，レンズの上半分を黒い紙でおおった。スクリーン上の物体の像は，どのように変化したか。適当なものを，次の**ア**～**エ**から１つ選び，記号で答えよ。

ア　像は少し暗くなり，像の形がぼやけた。
イ　像は少し暗くなり，像の形は変わらなかった。
ウ　像は少し暗くなり，像の上半分が消えた。
エ　像は少し暗くなり，像の下半分が消えた。

(4) (2)の状態から，物体の位置をレンズから遠ざかるように移動させた。このとき，像の大きさと位置はどのように変化したか。適当なものを，次の**ア**～**エ**から１つ選び，記号で答えよ。

ア　像の大きさは大きくなり，像の位置はレンズに近くなった。
イ　像の大きさは大きくなり，像の位置はレンズから遠くなった。
ウ　像の大きさは小さくなり，像の位置はレンズに近くなった。
エ　像の大きさは小さくなり，像の位置はレンズから遠くなった。

(5) (2)の状態から，物体の位置をレンズに近づけ，F_1とレンズの間に移動させたところ，スクリーン上に像はできなくなった。このとき，レンズを物体と反対側からのぞいたときに見える像について正しく述べたものを，次の**ア**～**エ**から１つ選び，記号で答えよ。

ア　物体とは上下左右が逆で，物体よりも大きな像が見える。
イ　物体とは上下左右が逆で，物体よりも小さな像が見える。
ウ　物体とは上下左右が同じで，物体よりも大きな像が見える。
エ　物体とは上下左右が同じで，物体よりも小さな像が見える。

8 自然の長さが 10cm で，50g のおもりを下げると長さが 12cm になるばねがある。このばねに対して次のⅠ，Ⅱのような操作を行った。以下の各問いに答えなさい。ただし，ばねの重さは考えないものとする。

Ⅰ **図 1** のように，このばねに 100g のおもりをつけて天井からつるした。**図 1** 中の a ～ e は，このときにはたらいている力のようすを図示したものである。

図 1

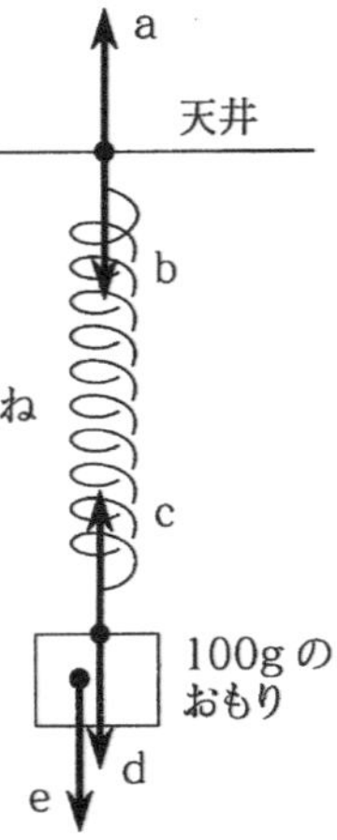

(1) **図 1** 中の a，c，e の力は，それぞれ何から何にはたらいているか。あてはまるものを，次の**ア～カ**から 1 つずつ選び，記号で答えよ。

ア ばねからおもりにはたらいている。
イ ばねから天井にはたらいている。
ウ 天井からばねにはたらいている。
エ おもりからばねにはたらいている。
オ 地球からおもりにはたらいている。
カ おもりから地球にはたらいている。

(2) **図 1** の a ～ e の力のうち，つり合いの関係にある力の組のすべてを a ～ e の記号で答えよ。

(3) **図 1** の a ～ e の力のうち，作用・反作用の関係にある力の組のすべてを a ～ e の記号で答えよ。

Ⅱ 次に，ばねを天井からとりはずして床に置き，**図 2** のようにばねの上端には軽くてかたい棒を取り付けた。はじめに，ばねの長さが 8cm になるように棒を下げ，そこからおもりが床を離れるまで棒を引き上げた。

図 2

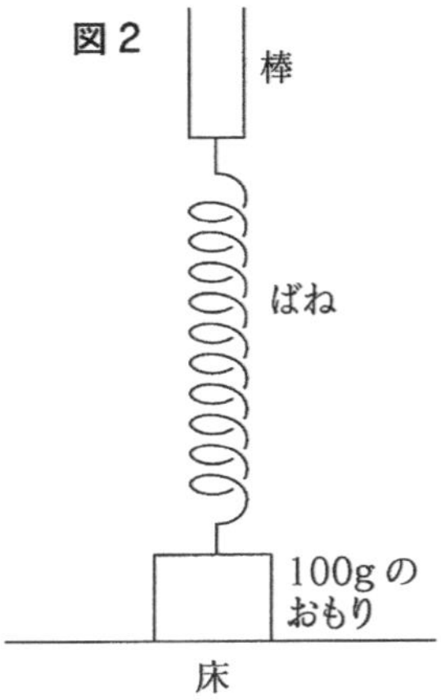

(4) ばねの長さを横軸，おもりが床面から受ける垂直抗力の大きさを縦軸にとったときのグラフを描け。ただし，100g のおもりにはたらく重力の大きさを 1N とし，グラフはばねの長さが 8cm 以上の範囲について描くものとする。

2022(R4) 樟南高
K 教英出版

2022(R4) 樟南高
教英出版

令和４年度

樟南高等学校入学者選抜学力検査問題

社　会 （50分）

※　答えはすべて別紙解答用紙に書きなさい。

※　解答用紙の下の「わく」の中に受検場と受検番号を書きなさい。

1 次の問いに答えなさい。

問１ 次の略地図を見て，あとの問いに答えよ。

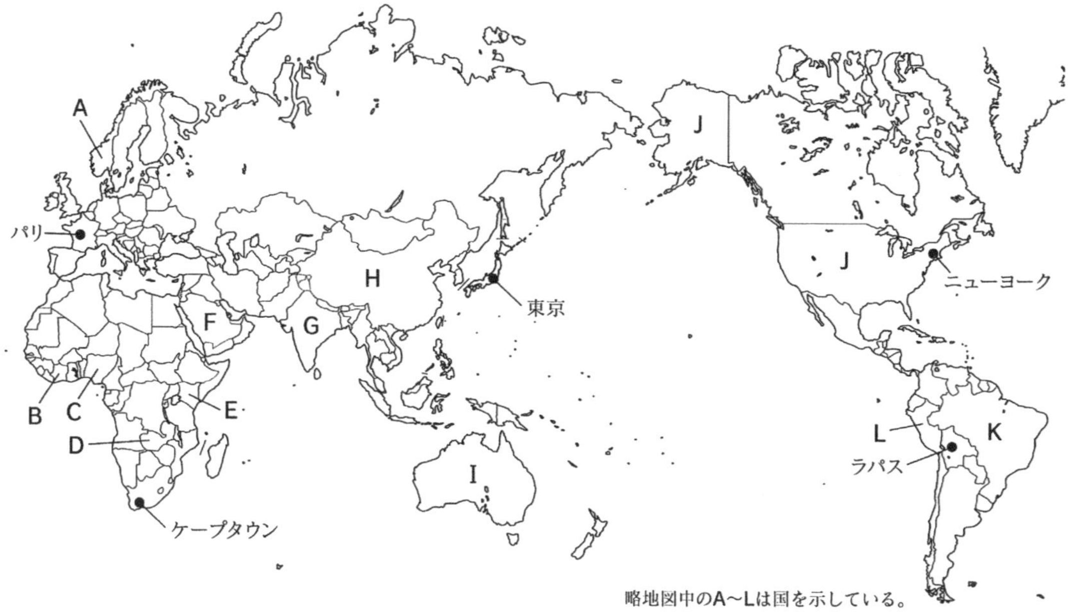

略地図中のA～Lは国を示している。

(1) 略地図中の**A**・**L**の国でみられる景観に該当する正しい組み合わせを，**あ**～**え**のうちから一つ選べ。

①

②

③

④

	あ	い	う	え
A	①	②	③	④
L	④	①	②	③

(2) 略地図中の**F**・**K**の国旗に該当する正しい組み合わせを，**あ**～**え**のうちから一つ選べ。

①

②

③

④

	あ	い	う	え
F	①	②	③	④
K	②	③	④	①

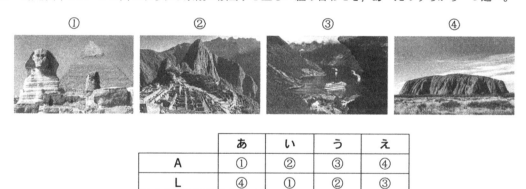

(3)　次の**あ**～**え**の雨温図は，略地図中のパリ・ケープタウン・東京・ラパスの気温と降水量を示したものである。ラパスに該当するものを，**あ**～**え**のうちから一つ選べ。

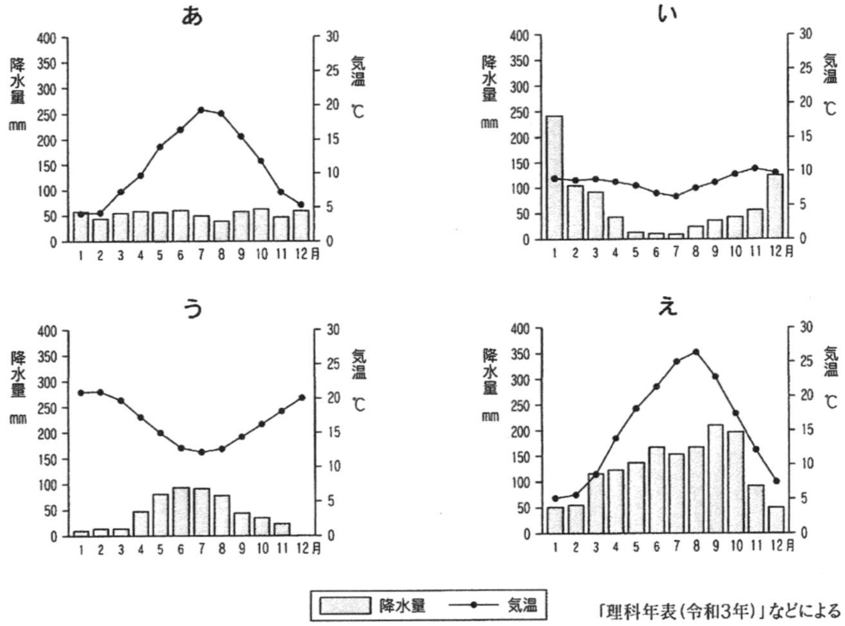

「理科年表(令和3年)」などによる

(4)　次の①～④は，略地図中のB～Eのいずれかについて，輸出品目の上位3品目の割合(%)を示したものである。B～Eに該当する正しい組み合わせを，**あ**～**お**のうちから一つ選べ。

①

カカオ	28.1%
石油製品	8.8%
金(非貨幣用)	8.5%
輸出総額	12718（百万ドル）

②

茶	22.7 %
野菜・果実	9.8 %
切り花	9.5 %
輸出総額	5695（百万ドル）

③

原油	82.3 %
液化天然ガス	9.9 %
船舶	2.4 %
輸出総額	62400（百万ドル）

④

銅	71.8 %
機械類	2.6 %
無機化合物	2.4 %
輸出総額	7029（百万ドル）

「世界国勢図会(2021/22)」などによる

	あ	い	う	え	お
B	③	④	①	①	②
C	①	②	④	③	③
D	②	③	②	④	①
E	④	①	③	②	④

(5)　次の表は，略地図中のG～Kについて，家畜の頭数，穀物の生産量を示したものである。G・Kに該当する正しい組み合わせを，**あ**～**き**のうちから一つ選べ。

	牛の頭数 (千頭)	豚の頭数 (千頭)	小麦の生産量 (千 t)	とうもろこしの生産量 (千 t)
①	63,392	310,407	133,596	260,779
②	193,463	9,055	103,596	27,715
③	24,723	2,319	17,598	327
④	94,805	78,658	52,258	347,048
⑤	214,660	40,557	5,604	101,139

「世界国勢図会(2021/22)」による

	あ	**い**	**う**	**え**	**お**	**か**	**き**
G	④	⑤	②	④	①	②	③
K	⑤	③	①	②	③	⑤	④

(6)　Jのグレートプレーンズでは，地下水をくみ上げスプリンクラーで散水する，写真のようなかんがいによる農場がみられる。この方式を何というか，答えよ。

(7)　成田国際空港を2月11日午前11時に出発した航空機が，ニューヨークに現地時間2月11日午前9時50分に到着した。実際の飛行時間は何時間何分か，答えよ。(ただし，ニューヨークは西経75度を標準時としている。)

問2　発展途上国で作られた農産物や製品を，適正な価格で取り引きすることによって，その国の生産者や労働者の生活と自立を支える取り組みが世界に広がっている。このことを何というか，答えよ。

問3　世界の国々は，持続可能な社会を実現するために，17の目標からなる「持続可能な開発目標」に取り組んでいる。「持続可能な開発目標」を，アルファベットの略語で答えよ。

2　次の問いに答えなさい。

問1　下の写真は，東北地方の県庁所在地で開かれる伝統行事の祭りの様子である。この行事がおこなわれている県の位置を，右の略地図中の**A**～**E**のうちから一つ選べ。

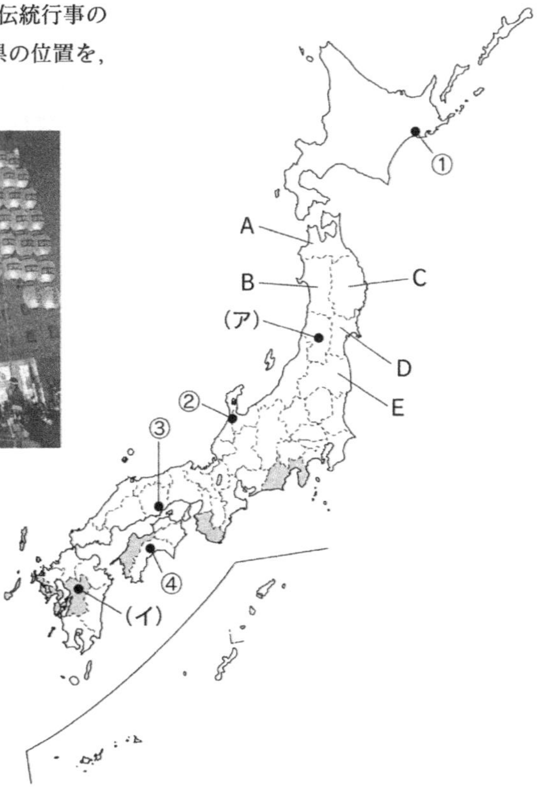

問2　略地図中の**(ア)**の都市で生産される伝統的工芸品を，**あ**～**え**のうちから一つ選べ。

あ　南部鉄器　　　**い**　輪島塗
う　将棋の駒　　　**え**　西陣織

問3　略地図中の□は，ある果物の生産量の上位５県(2020年)を示している。この果物名を答えよ。

問4　右の雨温図は，略地図中①～④のいずれかの都市の気温と降水量を示している。該当する都市を，①～④のうちから一つ選べ。

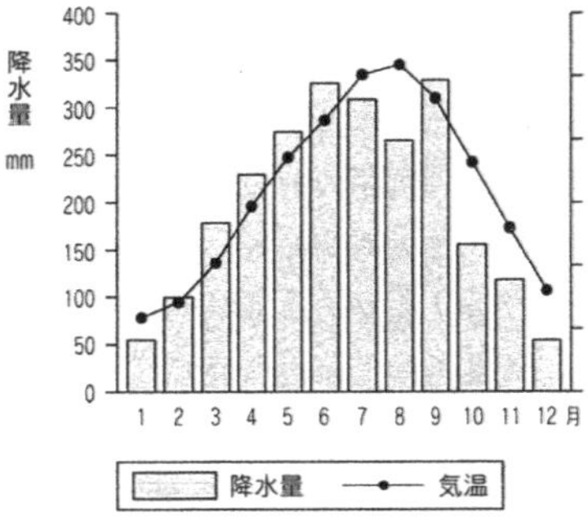

「理科年表(令和3年)」などによる

問5　略地図中の**(イ)**には火山の活動によってできた大きなくぼ地がみられる。この地形を何というか，答えよ。

問6　次の文中の［ X ］～［ Z ］に該当する語句を答えよ。

(1)　火山の噴火や津波，洪水など，さまざまな自然災害による災害発生時の避難場所などを示した地図を［ X ］という。都道府県や市町村などで作成され，公開されている。

(2)　火山が大規模な噴火を起こしたとき，火口から噴出した高温のガスが，火山灰などとともに高速で流れる現象を［ Y ］という。

(3)　都市では，高層ビルの密集による風通しの悪化，アスファルトやコンクリートにおおわれた地面の増大，自動車や建物から出される排熱により，周りの地域より気温が高くなる［ Z ］現象がみられる。

3 下の略年表を見て，あとの問いに答えなさい。

西 暦	おもなできごと		
1868	五箇条の御誓文が発布される	……… ①	
1871	廃藩置県が行われる	……… ②	
1877	西南戦争がおこる	…………	↕ ア
1894	日清戦争が始まる	…………	
1914	第一次世界大戦が始まる	……… ③	
1925	普通選挙法が制定される	……… ④	↕ イ
1946	日本国憲法が公布される	…………	
1951	サンフランシスコ平和条約が結ばれる	…………	↕ ウ
1955	［ I ］が開かれる	……… ⑤	
1992	ＰＫＯ協力法が成立する	…………	

問１ 略年表中の①より前におこった日本の出来事を，**あ**～**え**のうちから一つ選べ。

あ 地租改正が実施される。
い 桜田門外の変がおこる。
う 内閣制度ができる。
え 版籍奉還が実施される。

問２ 略年表中の②の翌年の 1872 年に，6 歳以上の男女すべてに，小学校教育を受けさせることを定めた法令が公布された。この法令を何というか，答えよ。

問３ 次の**A**～**D**は，略年表中の**ア**の時期の出来事である。年代の古い順にならびかえたものを，**あ**～**か**のうちから一つ選べ。

A 天皇が国民にあたえるという形で，大日本帝国憲法が発布された。
B 大隈重信を党首とする立憲改進党が結成された。
C 全国の代表者が大阪に集まって国会期成同盟を結成し，国会の開設を求めた。
D 衆議院議員選挙が初めて行われ，第一回帝国議会が開かれた。

あ A－B－C－D　　**い** B－C－D－A　　**う** C－B－A－D
え D－C－B－A　　**お** A－D－C－B　　**か** B－A－C－D

問４ 次の文章は，略年表中の③についてまとめたものである。［ II ］にあてはまる半島名を答え，また地図中の位置について，a～dのうちから一つ選べ。

1914 年，「ヨーロッパの火薬庫」と呼ばれた［ II ］半島にあるサラエボで，オーストリアの皇位継承者夫妻が，セルビア人に暗殺されました。オーストリアは，セルビアに宣戦布告し，間もなく各国も参戦して，第一次世界大戦が始まりました。

(地図)

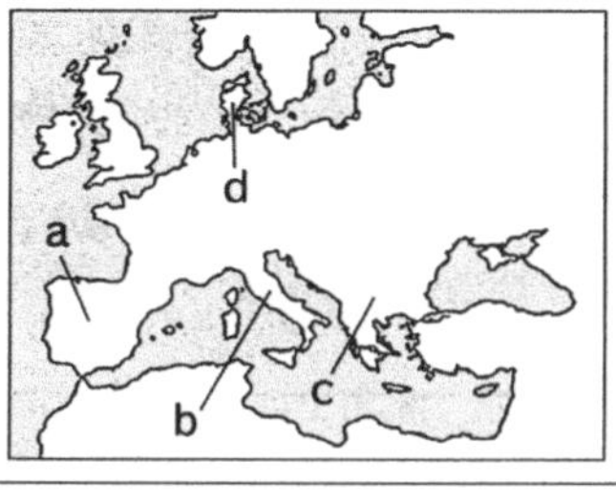

令和四年度

国語解答用紙

一

問一 a b c d

問二 A B

問三 ア イ

問四

問五

問六

問七

問八

問一 a b c d

問	得点
一	
二	
三	
四	
合計	

（配点非公表）

受検場	受検番号

(2)	
(3)	$x =$　　　　　, $y =$
(4)	$x =$
(5)	
(6)	m
(7)	個
(8)	$\angle x =$
(9)	

受検場	受検番号

(2)		通り
(3)	(ア)	cm^2
	(イ)	cm^3

問題	得点
1	
2	
3	
4	
5	

得点	

（配点非公表）

6

問 1 (1) ____ (5) ____

6	

問 2 She was (　　　) scared (　　　) she (　　　) sleep that night.

問 3

3番目	5番目

問 4 (　　　) (　　　)

問 5 ____

問 6 ～ the laboratory (　　　).

問 7 ____ ____

7

問 1 ____

問 2 (2) ____ (3) ____

問 3 ____

7	

問 4 ____

問 5 ____

問 6 1 ____ 2 ____

問 7 ____ ____

受　検　場	受　検　番　号

得　点　合　計

（配点非公表）

6

(1)	(2)	(3)	(4)	(5)					
		g		①○		①■		②	

7

(1)	
①	
②	

(3)	(4)	(5)

(2)

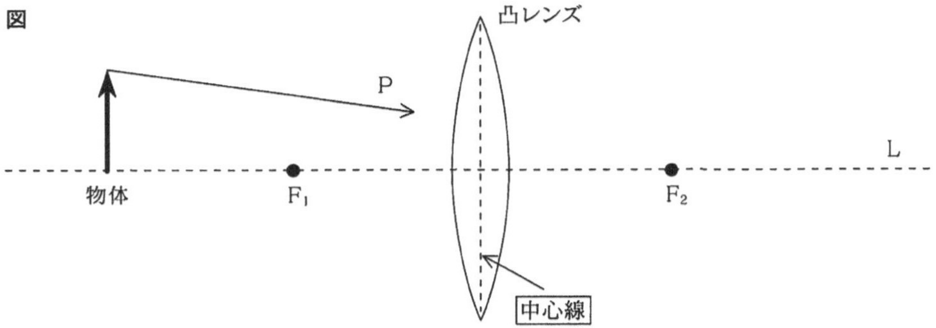

8

(1)					
a		c		e	

(2)	(3)

(4)

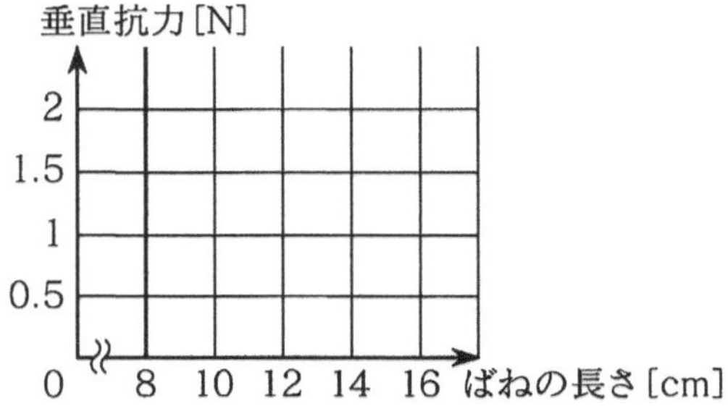

受検場	受検番号

得点

（配点非公表）

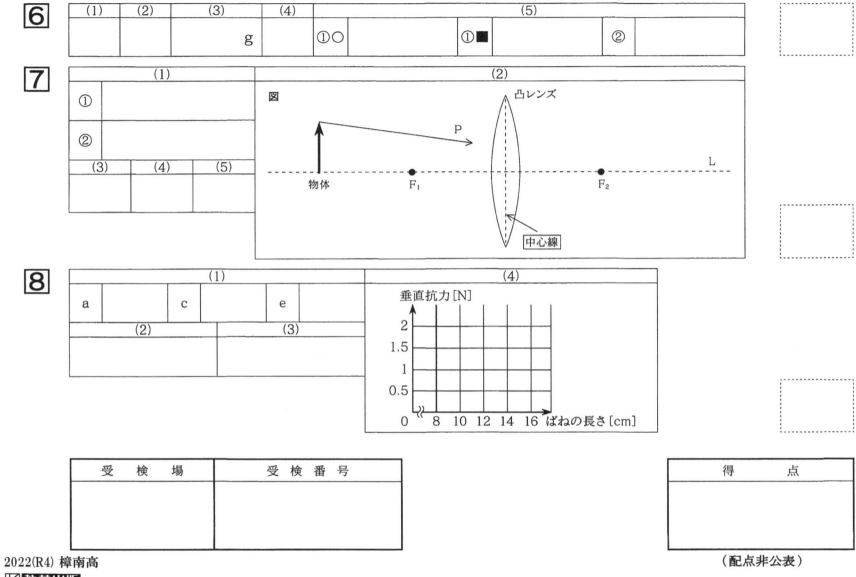

4

問1 1	問1 2	問2	問3

問4	問5	問6

5

問1 1	問1 2	問2	問3	問4	問5	問6	問7

6

問1 1	問1 2	問2	問3 3	問4

問5 A	問5 B	問6

受検場	受検番号

得点	1	2	3	4	5	6	合　計

（配点非公表）

令和４年度　　# 社会解答用紙

1

問１						
(1)	(2)	(3)	(4)	(5)	(6)	(7)

問２	問３

2

問１	問２	問３	問４	問５

問６		
(1) X	(2) Y	(3) Z

3

問１	問２	問３	問４ Ⅱ	問４　位置	問５
			半島		条約

問６	問７	問８	問９ Ⅲ

【解答

令和4年度　**理 科 解 答 用 紙**

1

(1)				(2)	(3)
ア		イ			

(4)			
①		②	d → → → →
③		④	

2

(1)				(2)				(3)	(4)
a		c		ハト		エビ			

(5)	(6)

3

(1)	(2)	(3)	

(4)	(5)
	L

4

(1)	(2)	(3)	(4)	(5)	(6)
					cm

5

(1)	(2)	(3)

【解答

令和4年度　**英語解答用紙**

〔得　点〕

1

1	2	3	4	5

1	

2

	3番目	5番目
1		
2		
3		
4		
5		

2	

3

1	

2	

3	

4	

5	

3	

4

問 1	(1)		(2)	

問 2　イギリスでは（　　　　　　　　　　　　　　　　　　　）。

問 3

4	

【解答

令和4年度　**数学解答用紙**

1

(1)	
(2)	
(3)	
(4)	
(5)	
(6)	
(7)	
(8)	

3

(1)	$a =$
(2)	C（　　　　，　　　　）
(3)	D（　　　　，　　　　）
(4)	

4

(1)	BD : DC =
(2)	$xy =$
(3)	cm

【解答

二

問四 A B C D

問五 五郎…… 純……

問六

三

問一 A B

問二 ① ⑤

問三

問四

問五

問六

四

問一 ① ② ③

問二 1 2 3

問三 1 漢字 意味 2 漢字 意味

問四

問五

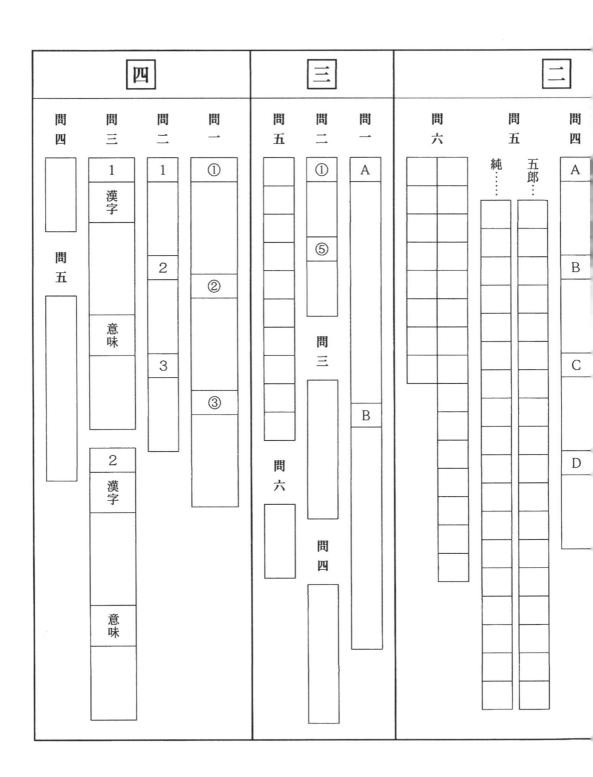

問5　略年表中の③に関して，連合国とドイツとの講和条約の名称を答えよ。

問6　略年表中の④で，選挙権が与えられた資格について正しいものを，**あ～え**のうちから一つ選べ。

あ　満35歳以上の男子　　**い**　満30歳以上の男子
う　満25歳以上の男子　　**え**　満20歳以上の男子

問7　次の**A～D**は，略年表中の**イ**の時期の出来事である。年代の古い順にならびかえたものを，**あ～か**のうちから一つ選べ。

A　満州事変が始まる。
B　国家総動員法がだされた。
C　日独伊三国同盟が締結された。
D　ポツダム宣言を受諾する。

あ　A－B－C－D　　**い**　B－C－D－A　　**う**　C－B－A－D
え　D－C－B－A　　**お**　A－D－C－B　　**か**　B－A－C－D

問8　略年表中の⑤の［　I　］には，インドネシアで民族独立と平和共存を柱とする平和十原則が決議された会議名が入る。その会議名を何というか，答えよ。

問9　次の文章は，略年表中の**ウ**の時期におけるアジア諸国との外交についてまとめたものである。［　Ⅲ　］にあてはまる語句を答えよ。

> サンフランシスコ平和条約で西側陣営の一員として独立を回復した日本は，アジア諸国との外交関係を築いていきました。韓国とは，1965年に［　Ⅲ　］条約を結び，韓国政府を朝鮮半島の唯一の政府として承認しました。中国とは，1972年に日中共同声明によって国交を正常化し，1978年には日中平和友好条約を結びました。

4　次のA～Dの事項とその説明文に関するあとの問いに答えなさい。

A：警察予備隊

①朝鮮戦争が始まると，マッカーサーを最高司令官とする［　1　］の指令により，国内の治安維持のために②警察予備隊が新設されました。

B：源頼朝像

(甲斐善光寺蔵)

鎌倉幕府の成立時期については諸説があり，1183年のほか，1185年や1192年に頼朝が［　2　］に任命された時期という説などがあります。

C：世界恐慌

アメリカでは，ローズベルト大統領が［ I ］政策を行い，景気の回復を図りました。イギリスでは，関係の深い国や地域を囲い込んで，その中だけで経済を成り立たせる政策が行われました。

D：第二次世界大戦

ドイツが［ II ］に侵攻すると，イギリスとフランスは，［ II ］を援助する条約に基づいて，ドイツに宣戦布告しました。その後，日本はハワイの真珠湾を奇襲攻撃するとともに，イギリス領の［ III ］に上陸しました。

問1　［ 1 ］・［ 2 ］に入る語句を答えよ。

問2　下線部①で，日本はアメリカ軍向けに大量の軍需物資を生産したため，経済が好況になり復興が早まった。この時期の景気を何というか，答えよ。

問3　下線部②で，警察予備隊は1954年に何と改称されたか，答えよ。

問4　写真Cについて，説明文中［ I ］政策の内容として最も適当なものを，**あ**～**お**のうちから一つ選べ。

あ　国際的な世論を無視して軍備を増強し，公共事業と軍需産業によって経済が回復した。
い　本国と植民地との関係を密接にし，一部の国からの輸入に対する関税を高くした。
う　積極的に公共事業をおこして，失業者を助け，労働組合を保護した。
え　五カ年計画とよばれた計画経済によって，国内生産を増強した。
お　恐慌の影響で経済がいきづまると，エチオピアを侵略して併合した。

問5　写真Dについて，説明文中［ II ］・［ III ］に入る語として正しい組み合わせを，**あ**～**え**のうちから一つ選べ。

	［ II ］	［ III ］
あ	ソ連	サイパン島
い	ポーランド	サイパン島
う	ソ連	マレー半島
え	ポーランド	マレー半島

問6　A～Dの事項について，年代の古い順にならびかえたものを，**あ**～**か**のうちから一つ選べ。

あ　A－B－C－D　　**い**　B－C－D－A　　**う**　C－B－A－D
え　D－C－B－A　　**お**　A－D－C－B　　**か**　B－A－C－D

5 次の文章を読んで，あとの問いに答えなさい。

社会を構成する個人や集団の利害を調整し，秩序を保つ働きを政治といい，多くの人々が参加して行う政治を①民主政治という。規模が小さい社会では人々が広場に集まって集会を開き，物事を決定する直接民主制が採られることもあるが，一定以上の規模になると，すべての人々が集まることは困難であり，多くの国では，自分たちの考えを代表する人を選び，選ばれた代表者が議会に集まって様々な決定を行う間接民主制が採られている。

人々の代表を選ぶ選挙には４つの原則がある。財産や性別による差別がなく選挙権が認められる［ 1 ］選挙，投票の価値に差を設けない平等選挙，候補者に直接投票する直接選挙，無記名で投票する秘密選挙である。日本では，議員定数や選挙方法，選挙権，被選挙権などに関する事柄が②公職選挙法で定められている。

政治によって実現しようとする政策について，同じ考え方を持つ人々が作る団体が③政党である。④内閣を組織して政権をになう政党を与党，それ以外の政党を野党という。一つの政党だけで国会における議席が過半数に達しないときは，いくつかの政党で内閣（政権）が作られることもある，このような政権を［ 2 ］政権という。

問１ 文中の［ 1 ］・［ 2 ］に適する語句を，それぞれ２文字で答えよ。

問２ 下線部①に関連して，民主政治に関する記述として**誤っているもの**を，**あ**～**え**のうちから一つ選べ。

あ スイスの一部の州では，今でも市民が集まって州の政治について討議し，挙手で採決を行っている。

い 権力分立が制度化されている民主主義国家であっても，独裁政治が出現することがある。

う 日本国憲法を改正するには，国会が発議し国民投票で３分の２以上の賛成が必要である。

え 日本の地方政治では，有権者の３分の１以上の署名があれば，首長の解職を請求できる。

問３ 下線部②に関連して，次の表は，現在の公職選挙法における，国会議員や地方公共団体の首長や議員の被選挙権をまとめたものである。正しい組み合わせを，**あ**～**え**のうちから一つ選べ。

	衆議院議員	参議院議員	都道府県知事	都道府県議会議員	市町村長	市町村議会議員
あ	25歳	25歳	25歳	25歳	25歳	25歳
い	25歳	30歳	30歳	25歳	25歳	25歳
う	30歳	25歳	30歳	25歳	30歳	25歳
え	30歳	30歳	30歳	30歳	30歳	25歳

問４ 下線部③に関連して，日本の政党政治や選挙に関する記述として正しいものを，**あ**～**え**のうちから一つ選べ。

あ 政治家と特定の企業や団体が結び付き，違法な資金集めが行われないよう，申請のあった政党に対して国庫から政党交付金が提供されている。

い 政権を担当する与党と政権を担当しない野党が競い合う二大政党制が続いており，国政選挙が行われるたびに政権交代がおこなわれてきた。

う 国政選挙における投票率を上げるために，期日前投票制度を設けたり，インターネットによる投票が認められるようになった。

え 三権分立の原則を重視する最高裁判所は，議員一人あたりの有権者数に格差が生じている問題について，合憲・違憲の判決を下したことはない。

問５　下線部④に関連して，現行の日本の内閣制度についての記述として**誤っているものを**，**あ～え**のうちから一つ選べ。

あ　内閣総理大臣は国務大臣を任命するが，その過半数は，国会議員の中から選ぶことが定められている。

い　衆議院で内閣不信任の決議案が可決されたときは，10日以内に衆議院が解散されない限り，総辞職しなければならない。

う　衆議院議員総選挙の後に初めて国会の召集があったときは，内閣は総辞職しなければならない。

え　政府の様々な重要方針は，内閣官房長官とその他の国務大臣で構成される閣議で決定される。

問６　次の**Ａ～Ｃ**の各文は，人権の保障をめぐる裁判の判決の要旨を示したものである。判決の要旨と人権の正しい組み合わせを，**あ～え**のうちから一つ選べ。

Ａ　日本国憲法のよって立つところでもある個人の尊厳という思想は，相互の人格が尊重され，不当な干渉から自我が保護されることによって初めて確実なものとなるのであって，そのためには，正当な理由がなく他人の私事を公開することが許されてはならない。(『宴のあと』訴訟　東京地裁)

Ｂ　河川は，改修，整備がされた段階において想定された洪水から，当時の防災技術の水準に照らして通常予測し，かつ回避し得る水害を未然に防止するに足りる安全性を備えるべきもので，計画増水量に満たない増水で決壊した場合には瑕疵《かし》(欠陥)があったといえる。(多摩川水害訴訟　最高裁)

Ｃ　憲法第25条の規定は，すべての国民が健康で文化的な最低限度の生活を営めるように国政を運用すべきことを国の責務として宣言したもので，直接個々の国民に対して権利を賦与したものではない。何が健康で文化的な最低限度の生活であるかは厚生(現厚生労働)大臣の判断に任せる。(朝日訴訟　最高裁)

	Ａ	Ｂ	Ｃ
あ	プライバシーの権利	環境権	国家賠償請求権
い	プライバシーの権利	国家賠償請求権	生存権
う	知る権利	環境権	生存権
え	知る権利	生存権	国家賠償請求権

問７　マスメディアや世論についての記述として**適当でないものを**，**あ～え**のうちから一つ選べ。

あ　世論調査では，同じ事柄についての質問事項であっても，マスメディア各社の集計結果に違いが生じることがある。

い　マスメディアは，人々に大量の情報を提供することができるので，世論を形成するうえで大きな影響力を持っている。

う　インターネットの発達により，様々な情報を得る機会が増えたので，偏った情報に基づいて世論が形成される危険性が少なくなった。

え　投票日前に行われるマスメディア各社の世論調査の結果が，選挙における有権者の投票行動に影響を与えることがある。

6 次のⅠ・Ⅱの文章を読んで，あとの問いに答えなさい。

Ⅰ　労働者の権利を保障する法律としては，勤務時間や賃金，休日・休暇，社会保険など労働条件の最低基準を定めた［　1　］法，労働者が労働組合を結成することを認めた労働組合法，労働者と使用者(経営者)の対立を予防・解決するための労働関係調整法のほか，男女雇用機会均等法や育児・介護休業法などが制定されてきた。

かつての日本では，一つの企業に定年まで働く［　2　］と，勤続年数に応じて賃金が少しずつ上がっていく年功序列型賃金が一般的であったが，グローバル化が進み，国際競争が激しくなってきた今日，労働のあり方も変わりつつある。仕事の成果に応じて賃金を支払う成果主義や，仕事ごとに契約を交わして働くフリーランスの働き方などがその例である。その一方で，①解決すべき問題も生じており，誰もが安心して働けるしくみを整えていくことが求められている。

問1　文中の［　1　］・［　2　］に適する語句を，それぞれ4文字で答えよ。

問2　下線部①に関連して，近年の労働環境の変化の記述として正しいものを，**あ**～**え**のうちから一つ選べ。

あ　仕事上の責任を果たしつつ，健康で豊かな生活ができるよう，仕事と生活の調和をめざす，ワークシェアリングの考え方が広がりつつある。

い　パートタイマーやアルバイト，派遣労働者など非正規雇用の形態で働く労働者が増えているが，労働条件における正社員との格差が問題となることも多い。

う　介護や建設，農業などの分野で外国人労働者の受け入れが進むなか，日本人労働者の雇用を守るために，外国人労働者の受け入れを制限する「出入国管理及び難民認定法」が制定された。

え　働き方改革の一環として，自宅や移動中など場所を問わず柔軟に働くテレワークを推進する企業が増え，日本人の労働時間はドイツやフランス並みに短縮された。

Ⅱ　政府が税金などの収入をもとに，国民にさまざまなモノやサービスを提供するはたらきを財政という。財政には，大きく三つの役割がある。第一に，道路・港湾・公園などの［　3　］の整備をはじめ，警察・消防・教育といった公共サービスを提供する役割，第二に，豊かな人と貧しい人の所得の差を縮めていく所得の再分配の役割，第三に，景気の回復をうながしたり，行きすぎを防いだりする経済の安定化の役割である。②経済の安定化のために，政府の財政政策と日本銀行の金融政策が組み合わせて行われることも多い。

問3　文中の［　3　］に適する語句を，4文字で答えよ。

問4　下線部②に関連して，景気変動の波を示した下の図で，**C**の局面で行われることが多い財政政策と金融政策の組み合わせを，**あ**～**え**のうちから一つ選べ。

	財政政策	金融政策
あ	公共事業を増やす	国債を買う
い	公共事業を増やす	国債を売る
う	公共事業を減らす	国債を買う
え	公共事業を減らす	国債を売る

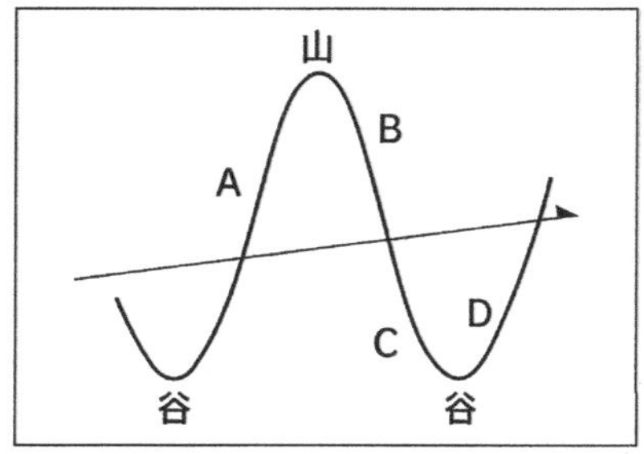

問5　次のグラフは，国の一般会計予算(2021年度当初)の歳入と歳出を示したものである。
　A ・ B にあてはまる事項を答えよ。

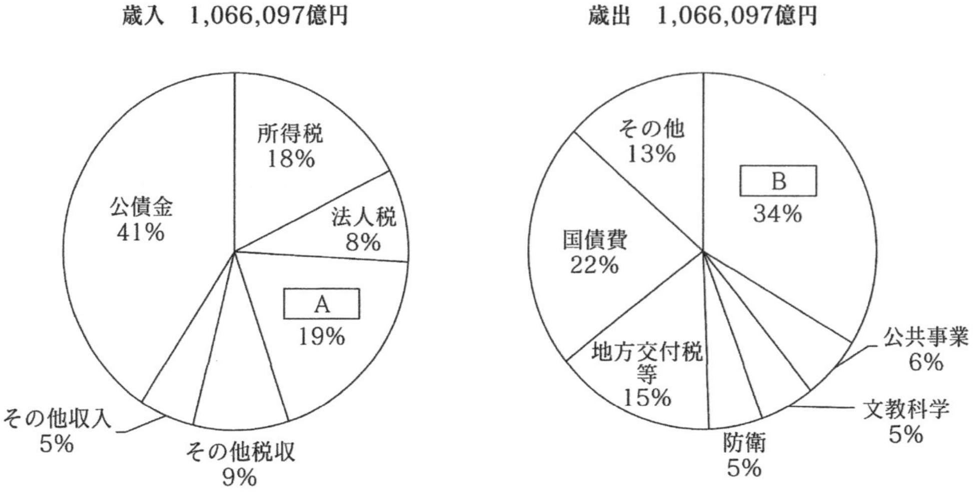

(財務省資料により作成)

問6　公債の発行は慎重に行われる必要があるとの考えがあるが，その理由を，下のグラフを参考に答えよ。

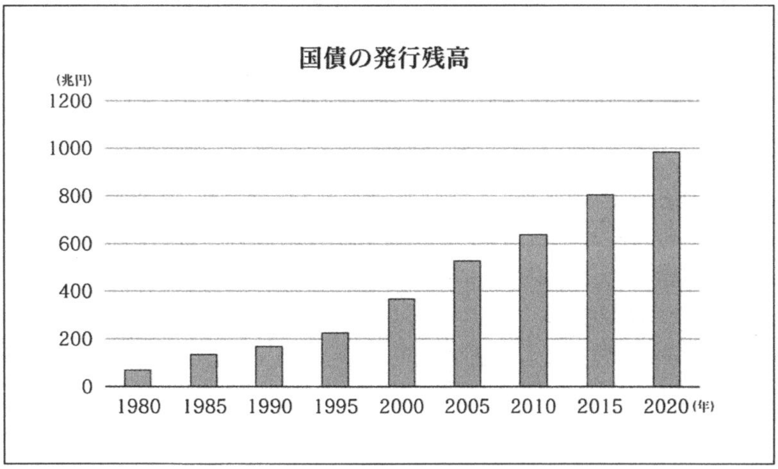

(財務省資料により作成)